AROUND

Vol.98
2024 December

기록과 공유 From The Writer

ISSN 2287-4216
ISBN 979-11-6754-038-6
KRW 18,000

Melmel Chung, Yun Seokcheol, Kim Jeonghyeon, Kim Chamsae, Park Ondo,
Im Youcheong & Kim Jaegi, NAVER Blog, Lifestyle LAB,
Trolls Paper, A-SE Studio, Flagg, Makitoy

중고서점에서 오래된 책을 사는 취미가 있다. 상태가 좋은
새 책 대신 나는 낙서나 흔적이 남은 책을 고른다. 주로
편지글이나 책을 읽다 좋았던 부분이 쓰여 있다. 어떤 이가
이 책을 선물하며 쓴 편지글을 읽고 있으면 모르는 책의 주인을
상상하며 괜히 설렌다. 누군가가 쓴 글을 전혀 상관없는
내가 보고, 감정을 느끼는 건 기록물이 '공유'되었기 때문일
것이다. 요즘은 누구나 어떤 방식으로든 기록을 한다. 손으로
끄적이지 않아도 쥐고 있던 휴대폰에라도 사진이든 글이든
매일 무언가를 남기고 있다. 사전에서 찾아 본 기록의 의미는
이렇다. '주로 후일에 남길 목적으로 어떤 사실을 적음.'
오늘날의 기록은 개인의 아카이빙에서 확장되어 과정과
자신이 느낀 감정까지 공유하는 역할을 하고 있다. 그동안
어라운드에서 다뤄 온 개인의 기록물에서 나아가 이야기를
퍼트리는 지금 시대의 기록을 만나봤다. 다양한 방식으로
내가 잘할 수 있는 기록의 형태를 찾아 이야기를 발신하는
사람들. 오늘의 나는 또 어떤 이야기를 만들어내고 있는지
생각해 보며 찬찬히 책장을 펼치길.

김이경—편집장

Contents

My Daily Life In A Notebook

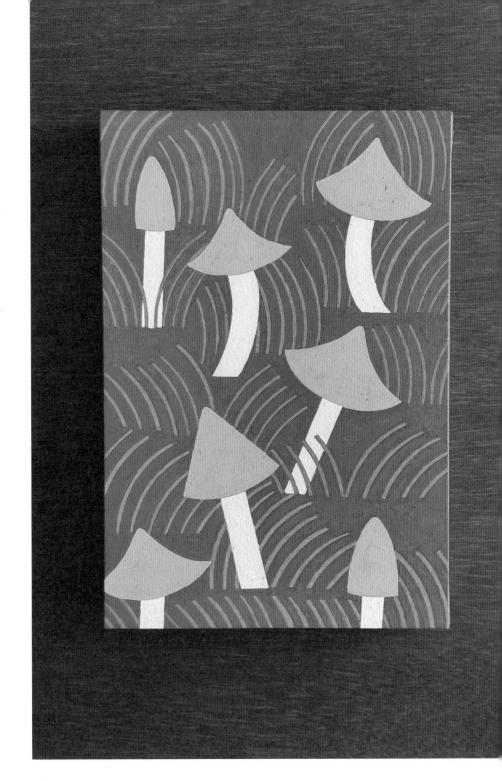

매일의 선명한 증거

28 /

2019. 7. 18

platycerium

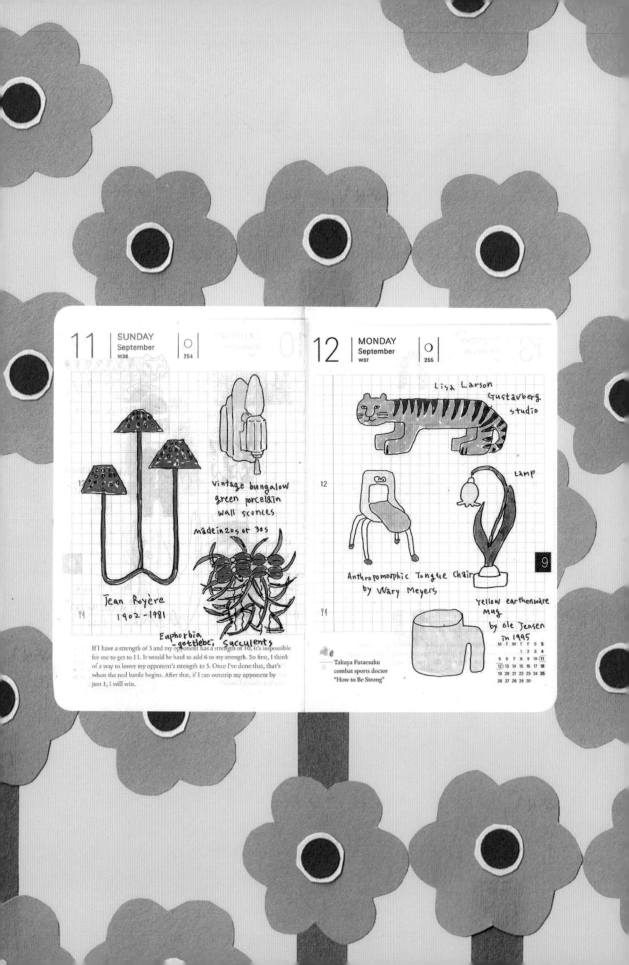

11 | **SUNDAY** September W36 | ○ 254

Jean Royère
1902 – 1981

vintage bungalow
green porcelain
wall sconces

made in 20s or 30s

Euphorbia
gottlebe, succulents

If I have a strength of 5 and my opponent has a strength of 10, it's impossible for me to get to 11. It would be hard to add 6 to my strength. So first, I think of a way to lower my opponent's strength to 5. Once I've done that, that's when the real battle begins. After that, if I can outstrip my opponent by just 1, I will win.

12 | **MONDAY** September W37 | ○ 255

Lisa Larson
Gustavberg
studio

Lamp

Anthropomorphic Tongue Chair
by Wary Meyers

yellow earthenware
mug
by ole Jensen

in 1995

M	T	W	T	F	S	S
				1	2	3	4
5	6	7	8	9	10	11
12	13	14	15	16	17	18
19	20	21	22	23	24	25
26	27	28	29	30		

Takuya Futaesaku
combat sports doctor
"How to Be Strong"

9

It's not about the height, it's about the difficulty. It doesn't really matter how high it is. Will I be able to climb this difficult wall? I think that's where the fun lies.

—— Yuji Hirayama
rock climber
"Learning from the Rock Face"

M	T	W	T	F	S	S
						1
2	3	4	5	6	7	8
9	10	11	12	13	14	15
16	17	18	19	20	21	22
23	24	25	26	27	28	29
30	31					

7 | FRIDAY
July
W27 | ◐ 188

8 | SATURDAY
July
W27 | ◑ 189

You draw the design at full body size, using your hands and taking your time. You push the pen down on the paper with your own strength, using the axis of your arm to describe the curves. When you use your own body that way, the thoughts and ideas you have become the basic "body temperature" of the design.

—— Akira Minagawa
designer
"Akira Minagawa: A Brand That Lasts a Hundre[d]

인사 나누게 되어 반가워요. 첫 책 《매일 나를 가꾸고 돌보는 그림》을 출간했는데 이후에 어떤 일상을 보내고 있나요?

안녕하세요. 식물을 주제로 데일리 드로잉 작업을 하는 마키토이라고 합니다. 출간과 전시, 협업 작업과 새해 달력 제작에 힘쓴 터라 정신없이 바쁜 가을을 보냈어요. 《매일 나를 가꾸고 돌보는 그림》은 2022년 한 해 동안 '페이퍼 컷아웃Paper Cut-out' 기법으로 남긴 저만의 데일리 프로젝트를 책으로 묶은 거예요. 글도 함께 엮어 그림 에세이집을 완성했죠.

페이퍼 컷아웃 기법이 궁금한데, 특별한 도구가 필요한가요?

종이를 자르고 배치한 후 부착하는 작업이라 재료는 무척 간단합니다. 색지와 가위와 풀 그리고 세밀한 작업이 필요할 땐 핀셋을 더하곤 해요. 풀로 고정하면 수정이 어렵기 때문에 복잡한 모양을 어떻게 단순화하거나 변형할지 구상이 필요해요. 손으로 직접 그리는 것보다 표현에 제약이 따르니, 종이 조각을 붙이는 순서도 중요하고요. 마음에 들지 않을 때는 하나의 구상으로 두 번씩 작업한 적도 있답니다.

마카나 펜을 이용한 드로잉도 꾸준히 하고 있죠.

페이퍼 컷아웃 작업과 드로잉 작업의 집중도를 구분하면서 함께 하고 있어요. 종이를 자르고 붙이는 일에 열중했던 시기를 지나 최근 2년간은 드로잉에 집중했는데, 내년에는 다시 종이를 만져볼 생각이에요. 하나의 방식에 익숙해질 즈음 새로운 기법으로 기록하다 보면, 무뎌진 마음에서 전혀 다른 돌파구를 발견할 수 있어요. 일 년 내내 가위를 들다가 다시 펜을 딱 잡았을 때의 기분이란… 모래주머니를

차고 있다가 내려놓은 것처럼 홀가분하죠(웃음). 늘 새 마음으로 탐구하게 돼요.

기록 방식은 달라도, 어딘가 환상 속에 존재할 것만 같은 식물이 소재로 쓰인다는 점은 동일해 보여요.

조용히 성장을 거듭하는 존재를 보며 큰 힘을 얻어요. 그리고 자연에는 신기한 모양과 어여쁜 색 조합을 이룬 식물이 많은데요. 우리 예상보다 훨씬 다채로워요. 지금껏 생각해 본 적 없는 모양새의 식물을 만날 때마다, 인간의 상상력이 얼마나 좁고 한정적인가 새삼 깨닫곤 하죠. 새로운 걸 만들고 싶다면 새로운 시야를 경험해야 한다는 걸 되새기면서 핀터레스트나 책, 식물원 공식 계정에서 소개되는 특별한 식물들을 관찰하고 있어요. 충분히 바라본 후에는 저만의 시선으로 재구성해 보고요.

모든 작업의 뿌리에는 기록 프로젝트가 있죠. 매일 하루에 한 장 채우기, 어떤 계기로 시작했어요?

시작은 2019년 여름이었는데, 그림을 일로 삼았는데도 손이 도구로 잘 가지 않는 거예요. 꾸준히 그리는 습관을 만들기 위해 매일 한 장씩 채우기로 하고, 반년 동안 검은 펜만 사용해 식물 드로잉을 해보니 자신감이 붙어서 1년 프로젝트로 해보고 싶었어요. 실패하면 실망스러울지도 모르지만 일단 한번 시도해 보고 싶더라고요. 먼저 'Word Drawing 365'라는 이름 아래 떠오르는 단어를 다양한 재료와 기법으로 기록했는데, 범위가 넓으니까 매일 소재를 고민하는 게 힘들었어요. 그 사이 1년 반 동안 해오던 검은 펜 드로잉도 지루해져 변화를 주면서 기록을 이어나가고 싶었죠. 동기부여가 필요했던 거예요. 그래서 2022년에는 색지를 오려 식물을 만드는 방식을 처음 시도하게 되었어요. 몸과 마음을 꽤 쓰는 작업이기에, 일주일 중

6일은 식물을 하나씩 완성하고 마지막 하루에는 그 주에 작업한 식물을 모아 정원을 만들어 봤어요.

하루에 완성되는 건 한 장뿐이어도 나날이 두툼해지는 노트가 매일의 선명한 증거가 되겠네요. 나만의 기록에 규칙이 있다면요?
그날의 그림은 그날 그려요. 중간에 바쁘다는 이유로 하루가 빠지기 시작하면 한 달이 밀리고, 그 후로는 다시 시작할 엄두가 나질 않더라고요. 비워진 칸들은 내내 마음에 걸리고요. 중요하지 않은 기록이라 치부하며 미루지 않으려 노력해요. 저는 일기도 꾸준히 쓰는데, 처음에는 일과만 간단하게 남기려 했다면 이제는 생각을 정리하거나 고민거리, 작은 다짐들도 모두 메모하게 되었어요. 지금은 빈 노트가 제일 편한 대화 상대처럼 느껴지죠. 거창하지 않아도, 느리더라도 꾸준히 하는 게 나를 만들어요.

모든 기록물에는 쓴 사람의 작은 조각이라도 담긴다고 믿어요. 작가님의 기록에는 무엇이 담겨 있을까요?
음, 저 자신과 타협하지 않는 마음일까요. 저는 저한테 잘 져주는 사람이고, 게으름도 부리고 싶은 사람이라 적당히 타협하고 싶은 마음을 이겨낸 흔적이 그림에 담겨 있어요. 답을 말하고 보니 좀 거창해 보이지만(웃음), 적어도 그림을 그릴 때만은 그래요.

인스타그램에 작업을 기록하면 동시에 많은 이들이 감상하죠. 기록물을 통해 자신을 어떤 사람으로 봐주길 바라는지 궁금해요.
사실 그림 뒤에 숨고 싶은 사람이라, 저보다는 그림과 눈을 맞추길 바라요. 특정한 메시지를 담는 건 아니기에 보는

분들이 어떤 생각을 하고 있을지, 나의 기록을 말미암아 자신만의 어떤 이야기를 만들고 있을지가 더 궁금하죠. 만약 꾸준히 기록하고 싶은 분이라면 좋아하는 노트를 준비해서 일단 적어보세요. 하소연이든 쇼핑 리스트든 무엇이든지요. 기록이 쌓이는 부피감을 눈으로 경험한다면 무척 뿌듯할 테고, 그 만족감이 오래 가길 바랄 거예요. 기록하면서 부딪히는 느낌이 든다면 왜 어렵거나 귀찮은지, 좋은 건 무엇인지 질문하면서 나에게 맞는 난이도를 찾아 나가면 돼요.

기록이란 행위를 통해 자신이 어떤 사람인지 더 잘 알게 된 것 같아요.
맞아요. 제가 오랫동안 뭔가를 꾸준히 할 수 있는 사람인 줄 몰랐는데, 어림짐작으로 단정 짓고 가둬버린 저 자신의 새로운 면을 거듭 발견하는 중이에요. 나한테 우선 기회를 주고 싶어졌어요. 멈추는 건 해본 후에 결정해도 늦지 않으니까요.

오늘도 한 장의 그림으로 남겼죠. 대화가 마무리된 지금, 기록하고 싶은 장면이 있다면요?
어떤 때는 대화를 나누면 마음속이 텅 비는 기분이 들곤 하는데, 지금은 꽉 찬 기분이에요. 답을 하면서 그간의 작업이나 앞으로 걸어갈 방향들을 짚어보게 되었거든요. 오늘은 동그랗고 커다란 달처럼 생긴 노란 꽃을 그리고 싶어요.

H. Instagram.com/makitoy H. Cargocollective.com/makitoy

정멜멜의 사진에는 언제나 빛과 그림자가 공존한다. 그 빛이 밝은 곳만 비추는 법은,
그림자가 어둠만 말하는 법은 없이 둥근 어깨를 마주 대고 공존한다. 한 사람의 시선을
따라가면 그가 사랑하는 것들이 보이기 마련. 그는 사이드 프로젝트 '올루 올루Olu Olu'를
통해 사람과 동물의 반려를 응시한다. 만남과 이별도, 삶과 죽음도, 평범한 일상의
나날과 가끔은 아옹다옹하다 토라지는 날들까지 경계 없는 빛과 그림자 아래 사랑으로
쓰인다. 한 시절의 찬란함을 영원으로 기록하는 그를 만나 이야기를 나눴다. 시작에
앞서, 이 이야기는 나와 함께 세상을 사는 존재들에 대한 긴 사랑 고백임을 밝혀둔다.

에디터 이명주　포토그래퍼 최모레

A Time That Never Disappears
한 시절을 영원이라 부르며

정멜멜—사진가

살아 있는 존재의 생애 주기에 관해 생각해 본다면 모든 기록은
그 시절에만 남길 수 있는 거예요. 어렴풋이 행복하다고
느끼는 때를 남겨두지 않으면 추억할 수 없어요.

얼떨결에 사랑한 이름들에 대해

스튜디오 '텍스처 온 텍스처Texture On Texture'의 마스코트 '택수'가 있으리라 예상했는데 고요하네요. 사이드 프로젝트 '올루 올루' 홈페이지에서 택수 소개를 미리 읽고 왔거든요!

정말요? 아쉽지만 오늘 작업실에는 저 혼자예요. 택수는 스튜디오 동료인 신해수 씨가 2016년부터 키우는 시바견이자 가족인데요. 사람이 먼저 손 뻗는 걸 좋아하지 않아서, 택수가 있는 날엔 스튜디오에 오는 분들께 미리 안내하고 있어요.

저기 밥그릇이 보이는데 택수가 작업실에 자주 오나요?

해수 씨와 함께 출근하는 날이 대부분이라 작업실 곳곳에 머무는 자리가 있어요. 특히 여기 긴 소파에 앉아 있는 걸 가장 좋아하고, 해수 씨가 자리를 비우면 저와 또 다른 동료인 수호 씨가 산책을 하거나 돌봐주죠. 일종의 공동육아처럼요. 택수라는 이름을 궁금해하시던데, 우리 스튜디오와 '해수'라는 이름에서 한 글자씩 모아 지은 거예요. 반려동물 이름을 사람처럼 친근하게, 조금은 구수하게 지으면 오래 산다고들 하잖아요. 텍스처 온 텍스처 제4의 멤버이자, 아무것도 하지 않는 동료예요.

(웃음) 올루 올루 인터뷰를 보니 '택수 사용 설명서'도 있다고 하던데요.

택수는 사람 손을 싫어하니까 만지는 걸 좋아하지 않아요. 비슷하게는 박수나 가위바위보도 그렇고요. 기분이 좋은가 싶다가도 그릇에 밥이 남아 있을 땐 경계가 심해요. 시바견이 친화력이 뛰어난 편은 아니라서 싫어하는 건 최대한 이해하며 함께 지내려고 해요. 남에게 피해를 끼친다면 바로잡아야 하지만, 기질 자체는 존중하자는 게 해수 씨의 양육 방식이거든요. 저와 수호 씨는 그걸 따르는 거고요.

그렇군요. 택수와의 만남은 다음을 기약하고 늦지 않게 멜멜 씨 소개를 들어보고 싶네요. 보통 자기소개를 부탁하면 뭐라고 답하세요?

서울을 기반으로 동료들과 사진을 찍고 다양한 프로젝트에 스스로를 던져보려 노력한다고 짧게 설명해요. 그 한 문장에 제 모든 것이 들어 있거든요. 서울은 태어나서 지금까지 쭉 살고 있는 도시고, 함께 작업하는 동료들과 사진이란 매개체는 저한테 굉장히 중요한 존재예요. 빈티지 숍을 운영해 보기도 했고, 최근엔 반려인과 반려동물을 기록하는 프로젝트를 시작했고요.

하는 일을 제외한다면 어떤 사람인가요? '멜멜 사용 설명서'가 있을 수도 있잖아요.

아, 제 설명서요(웃음)? 저한테는 워낙 일이 큰 의미라 빼놓고 생각해 본 적은 없는데…. 매일매일 뭔가를 남기고 싶어 하는 사람 같아요. 그리고 대체로 혼자 있는 걸 좋아하는 편인데, 사진은 본래 취미로 시작했던 거라서 혼자 여기저기 찍으러 다녔거든요. 그래서 일로 삼았을 때 이렇게까지 많은 사람을 대면하는 일이라곤 예상하지 못했어요. 사진 작업을 매개로 다른 사람들과 만나게 되고 그렇게 쌓는 경험이 즐겁다는 걸 알게 되었죠. 개인적으로 가깝지 않은 사람들과 시간을 보내는 건 어렵지만, 많은 동료를 만나고 또 격려하면서 결과물을 만들어내는 작업은 사랑하는 사람이라 말하고 싶어요. 한편으론 양면적일 수 있겠네요.

양면적인 모습을 가진 본인을 어떻게 다루려고 해요?

제 에너지의 총량을 알고 조절해요. 사람을 많이 만났다면 혼자 쉬는 시간도 꼭 필요하죠. 친구들을 만나더라도 일에 쏟아야 할 에너지까지 끌어다 쓰지 않으려고 노력해요. 이런 건 이전에는 잘 몰랐는데, 삼십 대 중반이 넘어가니까

느껴지더라고요. 내가 조절을 하지 않으면 친구들에게도 실례가 되고, 일할 때도 불편이 될 수 있겠다는 걸요.

이름에 대해서도 묻고 싶었어요. 본명과 달리 활동명은 불리고 싶은 대로 직접 짓는 거잖아요.
본명이 정유진인데 어릴 때부터 흔하고 동명이인도 많았어요. 일을 시작한 뒤 새로 이름을 짓고 싶은데 거창하거나 느끼한 이름은 싫어서 계속 고민했죠. 성별이나 국적을 가늠하기 어려운, 기억이 잘되면서도 이상한 이름을 찾았거든요. 꽤 오랫동안 제가 '멜팅프레임'이라는 아이디를 써서 친구들이 편하게 "멜멜아!" 이렇게 부르곤 했는데요. 어느 날은 그게 딱 원하던 이름이란 생각이 들더라고요. 절 모르는 사람들은 듣자마자 '뭐지?' 싶잖아요. 크레딧에 정유진이 열 번 나오는 것보다 정멜멜이 한 번 나오는 게 임팩트가 더 강할 것 같고요. 그때부터 멜멜이라 불러달라고 했어요.

친구들은 그냥 부르는 법이 없잖아요(웃음). 텍스처 온 텍스처의 작업실이 있는 곳은 홍은동이에요. 근처에 홍제천이 흐르고 작은 사랑방 같은 카페들이 많은 곳인데요. 이사 온 지는 얼마나 됐어요?
4개월 정도 됐어요. 스튜디오를 시작한 지 10년이 되었는데 그동안 종로에만 있었어요. 시간이 흐르면서 우리의 상황이 바뀌고 원하는 공간의 조건도 바뀌더라고요. 예를 들면 어리던 고양이가 노묘가 되어서 간병을 해야 하고, 나이가 들어 장비가 무겁게 느껴지니까 계단을 오르내리고 싶진 않았어요. 촬영 작업 방향도 바뀌다 보니 교통이 편리한 곳만 찾지 않아도 되었고요. 홍은동은 지금처럼 낙엽이 떨어지던 이맘때에 처음 와봤는데, 길 양쪽으로 노란 은행나무가 줄지어 서 있는 모습이 무척 강렬하게 느껴졌어요. 천이 흐르니 어딜 가지 않아도 계절 변화가 자연스레 보일 테고, 주변엔 반려동물을 환영하는 공간도 많아서 기꺼이 오게 됐죠.

가끔 '점멜멜'로 불린다는 인스타그램 기록을 봤어요. 명리학을 공부하는 거예요?
동양 철학의 이론이 흥미로워서 사주나 명리학을 취미로 공부해요. 나를 알고 싶은 마음, 나아가 타인과 현실 세계 너머의 것에 대해 알고 싶을 때가 있잖아요. 명리학은 절기를 기준으로 삼는 계절학이라 사람 역시 자연과 계절의 일부라고 보죠. 어떤 시기에는 감내해야 할 것만 많다가도 다른 시기가 오면 쓰임이 많아지고 그 또한 영원하지 않으며 순환한다고 여겨요. 그에 따라 체념과 희망을 자연스럽게 받아들여야 한다는 전제가 저에겐 재미있어요. 가끔 친구들에게 사주 해석을 해줬더니 저런 별명으로 부르더라고요.

앞서 잠시 이름이 불린, 공간을 함께 쓰는 동료들이 있죠.
텍스처 온 텍스처에는 저를 포함해 세 명이 함께하는데요. 먼저 해수 씨는 저와 스튜디오를 함께 만든 사람이자 건축 전공 이후 건축물 사진을 위주로 찍는 작가예요. 제가 서촌에서 직장에 다닐 때 해수 씨가 운영하는 펍의 단골손님이었어요. 겹치는 지인도 있고 시각적인 걸 다루는 일에 대해 이야기를 나누며 친해졌죠. 해수 씨는 현실적이고 이성적인 편이라면 저는 변화를 좋아하지만 시도하기까지 추진력이 부족한 편이라 함께 일한다면 서로의 장단점을 채워줄 수 있을 것 같았어요. 이윽고 저는 퇴사를, 해수 씨는 자영업을 그만두기로 마음먹은 후에 얼떨결에 시작한 사진 스튜디오가 자리를 잡으면서 멤버가 필요했고, 그때 떠오른 게 제 동생 정수호였어요. 수호 씨는 시각 디자인을 전공했고 자체 프로젝트의 메인으로 기획과 매니징을 담당하는데요. 셋 중에 나이는 가장 어린데 해수 씨와 저 사이에서 중립 지점을 잘 찾아내는 동료라 무슨 일이든 의견을 묻고 의지해요. 가끔은 가족인데 서운할 정도로 제 편을 안 들어줘요(웃음).

그러고 보니 멜멜과 수호 자매가 돌보는 노랑 고양이 '호진'의 안부를 묻고 싶네요. 두 분의 일상 기록에서 호진의 흔적을 많이 발견했거든요. 오늘도 기분 좋게 인사 나누고 왔어요?
그럼요. 호진은 열일곱 살 된 고양이인데 나이가 많으니까 기력은 떨어졌지만 여전히 집 안에서 좋아하는 창가나 소파에 누워 하루를 보내요. 누나들 배 위에 올라오는 것도 좋아하고요. 집이 1층이라 창밖으로 작은 공원 겸 놀이터가 보이거든요. 고양이는 창밖을 텔레비전이나 영화관처럼 생각한다는데 틈만 나면 거기 앉아 바깥 구경을 해요.

호진이는 우연히 만나 가족이 되었다고 들었어요.
호진이뿐 아니라 지금은 고양이별로 떠난 '권이'도 구조해서 같이 살게 되었어요. 그때는 제가 학원 강사였는데 호진이를 먼저 구조한 다음 날, 학원 아이들이 우연히 권이를 구조했다며 데려왔어요. 이틀 만에 갑자기 고양이 두 마리가 생긴 거죠. 그때만 해도 지금처럼 반려동물에 대한 인식이나 정보가 보편적이지 않았고 반려동물을 키우고자 하는 마음도 없었는데 왜 그런 행동을 하게 되었는지 잘 모르겠어요. 그야말로 얼떨결에 키우게 되었는데, 그즈음엔 삶의 변화가 잦았고 갑작스럽게 가족 구성원의 부재도 경험했어요. 빈자리를 새로운 존재가 채우면서 그 시기를 버티는 데 도움이 되어줬죠. 반려동물과 함께하는 삶에 대해 몰랐기에 샅샅이 찾아보고 도움도 받으면서 지금까지 왔어요. 이제는 함께하지 않던 삶을 떠올리는 게 더 어려울 정도예요.

반려의 존재가 멜멜 씨의 시야를 바꾼 부분도 있겠어요.
다른 생명에도 관심을 갖게 됐어요. 전에는 사람 말고는 크게 관심이 없었는데, 이제는 세상을 이루는 게 사람만이 아니라는 걸 알아요. 나의 고양이를 보면서 다른 고양이도 보게 되고 강아지도 보고, 가까운 동물부터 뉴스에 나오는 고래나 저 멀리 사는 야생 동물까지도 예전과는 다른 시선으로 보게 되었죠. 의식이 바뀌니 행동도 달라져요. 아마 생명이 있는 존재와 함께하는 사람들 대부분이 이런 경험을 필연적으로 하지 않을까 싶어요.

어쩌면 나와 전혀 다른 존재가 내가 사는 곳, 나의 방식대로 머무는 것에 대한 책임감일 수도 있겠네요.
맞네요. 그동안 분명히 정의하진 않았지만 그 말이 정확해요.

그렇게 넓어진 시야가 세 분을 자연히 올루 올루로 이끌었을 텐데요. 이외에도 사이드 프로젝트를 시작한 계기가 있다면요?
오랫동안 커머셜을 비롯해 의뢰를 받는 형식으로 작업하다 보니까 우리만의 사진을 생산하고 싶어졌어요. 단순히 여행 가서 개인적인 기록을 남길 수도 있겠지만, 그보다 좀 더 긴 호흡으로 다른 사람들과 만남의 계기도 되어주는 프로젝트를 통해서요. 세 명이 함께 관심을 갖고 있고 여러 해가 지나도 꾸준한 재미를 느낄 수 있는 주제는 반려동물과의 삶이겠더라고요. 그래서 반려동물을 중심에 두고 반려인과의 삶을 사진과 인터뷰로 웹 사이트에 기록하는 방식을 기획한 거예요. 지금은 우리 주변 가까운 이들부터 찾아가고 있지만, 나중에는 공간을 공유하는 반려의 의미를 넘어서 사람과 동물이 고유한 관계를 이루고 유대감을 나누는 모습을 소개하고 싶어요. 예를 들어 아파트 단지에 둥지를 지은 새를 돌봐주는 경비원 아저씨, 학교나 절에서 머무는 동물들의 이야기처럼요.

관계를 정의하기보단 그 안에서 오가는 유대감을 조명하고 싶은 거네요. 올루 올루라는 이름은 마치 동물들을 어르는 것처럼 귀엽게 들렸어요.
하와이어로 귀엽다는 의미인데 알파벳 조합이 직관적이고 부르기도 쉽고, 말씀하신 것처럼 '어이구 어이구' 이렇게 반려동물을 어르는 말의 느낌을 의도해서 골랐어요. 15년 넘게 반려동물을 키워보니까 가장 많이 하는 말이 귀엽다는 거예요. 물론 비인간 동물의 지나친 의인화나 대상화를 지양해야 되는 건 알고 있지만 나랑 살 붙이면서 살고 있는 가족한테 하는 말은 근엄한 것보단 반사적인 귀여워라, 예뻐라 이런 거거든요. 그건 너무나 사랑스럽고 순수한 호감이에요. 들려주고 싶은 말이기도 하고요. 귀엽다는 어감이 누군가에겐 가벼워 보일지 몰라도 그렇기 때문에 사랑하게 됐고 마음속에 받아들이게 됐고, 나아가 서로의 세계가 넓어질 수 있었다고 생각해요.

(사진 좌, 우) 멜멜, 수호, 해수의 시선으로 담은 택수와 호진

©올루 올루

카메라 렌즈 너머로 눈을 맞춰주는 택수

©엘루엘라

무얼 기록하고 싶은지 물으신다면

택수와 호진을 비롯해서 임진아와 김홍구의 키키, 이슬아와 이훤의 숙희와 남희, 이랑의 준이치 등 현재까지 열여섯 가족의 이야기를 소개했어요. 동물을 카메라에 담을 때 신경 쓰는 부분이 있을 것 같아요.
주로 저와 수호 씨가 방문하는데 A컷을 위한 욕심 때문에 진행 시간이 늘어지는 건 피해요. 이 친구들에게는 처음 보는 사람들이 와서 이상하게 생긴 도구로 자길 바라보는 영문도 모르는 상황이잖아요. 낯선 상황에 놓이는 게 동물들에게 완전히 편할 것 같진 않아서 좋아하는 자리에 있는 모습이나 산책하는 와중에 편안한 순간을 찍어요. 억지로 포즈를 요청하지 않고요. 사실 인터뷰를 하는 사람이 따로 있다면 모르지만, 저희는 동시에 해내야 하기 때문에 대화 전에 곁에 카메라를 딱 올려둬요. 그러곤 양해를 구하죠. "죄송한데 이야기를 나누다가도 갑자기 튀어 나가서 촬영할 수도 있어요." 동물들이 똑같은 포즈를 다시 취해준다는 보장이 없으니까(웃음), 순간적인 장면을 주저 없이 포착해야 해요.

"아무리 반려인이 유명해도 인터뷰 주인공은 반려동물"이라던 멜멜 씨의 말처럼 인상적인 질문이 많았어요. 어떤 행동을 하는 사람을 싫어하는지, 자신의 심신 건강을 위해 무얼 하는지, 사람과 공유하는 은밀한 언어나 약속이 있는지 물었죠. 그게 사람이든 동물이든 똑같이 물을 수 있는 질문이란 걸 잊었어요.
가끔 반려동물을 동반한 반려인의 인터뷰를 보면 그들에 대한 언급이 너무 짧다는 느낌을 받았어요. 물론 그럴 수밖에 없는 게 동물들이 주인공은 아니니까요. 그런데 제가 만나본 반려인들은 내가 사랑하는 존재에 대해 오히려 내 이야기보다도 하고 싶은 말이 많은 것 같았거든요. 현재의 제가 좀더 궁금해하는 것도 마찬가지예요. 근처에 자주 가는 카페에 '로뎀'이라는 강아지가 오는데 자주 마주치는 그 친구에게 이 시간에 산책을 하는 게 좋은지, 이 카페의 어떤 점이 마음에 들었는지 궁금하거든요. 로뎀이만의 생각이 있을 테니까요. 사람의 입을 빌리긴 하지만 그 시절에만 가질 수 있는 기록을 해주고 싶었어요.

왜 한 시절에만 가능한 기록이라 생각해요?
살아 있는 존재의 생애 주기에 관해 생각해 본다면 모든 기록은 그 시절에만 남길 수 있는 거예요. 어렴풋이 행복하다고 느끼는 때를 남겨두지 않으면 추억할 수

없어요. 제가 그걸 강하게 느낀 적이 있는데, 친구가 키우던 강아지가 많이 아파서 걸을 수 있을 때 함께 산책하는 사진을 남기고 싶다고 부탁하더라고요. 그래서 대수롭지 않게 생각하며 찍어줬는데 강아지가 떠난 후 두고두고 고마워하는 거예요. 매일을 같이 보내며 소중하던 존재를 찍은 사진은 많은데 그 존재와 내가 같이 나온 사진은 생각보다 없다면서요. 우리 휴대폰에 엄마나 아빠 사진이 많이 없잖아요. 게다가 반려동물의 시간은 사람보다 훨씬 빠르게 흐르고요.

스스로 기록하고 싶은 게 뭔지 생각을 거듭하고 있는 것처럼 보여요.
음… 무얼 기록할 때 행복한지 계속 찾아나가고 있어요. 어떤 사진은 시간이 흐를수록 점점 더 가치가 커져요. 예를 들어 세상에 엄청나게 멋있는 화보가 나와요. 유명한 크리에이티브 디렉터가 붙고 모델이 등장하고 섭외하기 어려운 장소에서 찍은 사진이 나온다면 당연히 대단하겠죠. 그런데 나한테는 집처럼 편안한 장소에서 사랑하는 존재와 찍은 한 장이 더 가치 있게 느껴질 수도 있어요. 사진에는 기록이라는 속성이 있기 때문에요. 제가 담고 싶은 장면은 후자에 가까워요.

섭외와 인터뷰 진행은 지금껏 해보지 않은 일이었을 텐데요. 나름의 고충도 있어요?
섭외가 정말 쉽지 않아요…(웃음). 사실 저도 인터뷰 제의가 오면 덥석 하진 않았어요. 시간적인 여유도 부족하고 나한테서 기록할 만한 이야기가 충분히 나올지도 의문인 데다가 카메라 앞에 서는 것도 어색했죠. 그런데 해보니까 알겠더라고요. 내가 어떤 사람의 이야기를 듣고 기록하고 싶은 이유가 있는 것처럼, 누군가 나에게 제안한 나름의 이유가 있을 거라는 걸. 가능한 한 다 해보려고 마음을 바꿨어요.

그렇지 않아도 흔쾌히 이번 호에 함께해 주셔서 정말 기뻤답니다(웃음).
마침 이번 호가 기록하는 사람에 대한 이야기를 모은다길래 더 반가웠어요. 저는 이야기를 좋아하는 사람 같아요. 이야기라는 형태를 좋아하고, 사진과 질문으로 한 사람을 설명하는 작업이 흥미로워요. 인터뷰 촬영할 때는 그 대화를 재미있게 듣기만 했는데 직접 해보니까 간단하진 않더라고요. 이외에도 단순하게 해보지 않았기

때문에 어려운 게 많았어요. 상품 제작할 땐 제작자의
마음을, 같이 자주 일하는 에디터의 마음을, 카메라 앞에
서는 사람의 마음을 이해하게 됐죠. 생각해 보니까 예전에
배우 황정민이 "잘 차려진 밥상에 숟가락 하나 얹었을
뿐"이라던 수상 소감이 딱 맞는 말인 거예요. 나만 잘하면
되는 게 아니라 내가 잘하기 위해 판을 만들어준 사람들이
있다는 걸 깊게 생각해 보곤 해요.

> 어슐러 K. 르 귄은 고양이들은 좀처럼 말을
> 낭비하지 않는다고 했고 그것은 분명히 고양이의
> 미덕이 맞다. 인간들의 미덕은 사랑하는 존재에
> 한해서는 조금도 말을 아끼지 않는 것이다. 찬란한
> 만남에 대해, 끊임없이 바뀌는 애정의 형태에
> 대해, 가혹할지언정 함께한 기쁨이 있었기에
> 기꺼이 맞이할 상실에 대해서도 누락하지 않고
> 쓰고 또 말하는 것이다.

— 올루 올루, '사랑하는 걸 사랑한다고 말하기:
김하나와 황선우, 하쿠와 티거와 영배' 소개말 중에서

**모든 가족이 특별하겠지만 유독 기억에 남는 반려 관계가
있을까요?**
아무래도 제가 노묘를 키우다 보니까 그와 같은 관계를
볼 때 애틋함이 커요. 생애 주기에 따라 일상에 여러
과정이 추가될 수밖에 없거든요. 예를 들면 열 살이 넘은
세 고양이와 함께 사는 김하나, 황선우 작가님을 만나러
갔을 때는 스스로 그루밍을 못 하니까 사람이 빗질해
주는 모습, 수액 맞는 모습을 양해를 구해 전부 찍었어요.
나중에 분명히 그리워질 순간이라는 걸 알거든요.
그리고 사람처럼 동물도 나이가 들면 삶이 변한다는 걸
알려주고 싶어요. 학술적으로 어렵게 말할 필요 없이 아주
자연스러운 거라고요.

**다른 존재의 기록에 성실히 임할 수 있는 건 자신도
꾸준히 기록하는 사람이기 때문이라 생각했어요. 선호하는
기록 방식이 있어요?**
정해진 방식을 추구하면 진지하게 해야 할 것 같은
긴장감이 생겨요. 부담도 되고요. 그래서 곁에 휴대폰이
있으면 폰으로, 카메라가 있으면 카메라로 대충 기록해요.
아, 손으로 노트에 쓰는 기록은 잘 안 하고요. 나중에 다시
보고 정리를 하더라도 부담 없이 빠르게, 무겁지 않게
습관적으로 기록하는 데 초점을 둬요.

**카메라라는 기록 도구에 관해 말하고 싶은데, 처음
내 카메라가 생겼던 때를 기억해요?**
그럼요. 대학교를 휴학하고 별 이유 없이 갖고 싶다는
생각이 들어서 아르바이트한 돈을 모아 풀 프레임
카메라를 샀거든요. 그 전에도 휴대폰이나 작은
디지털카메라를 쓰긴 했지만 제대로 된 카메라는 그게
처음이었어요. 사진 찍는 걸 좋아한다는 이유로 그런 큰
도구를 사는 건 쉬운 게 아니었는데 그래서 더욱 많이
써보려고 산책도 가고, 사진을 항상 누군가가 볼 수
있는 블로그에 올렸어요. 구경 와주시는 분들과 댓글로
소통하고요. 그런 재미로 사진이란 취미를 오랫동안
즐겼던 것 같아요. 이제는 꽤 다른 의미로 닿는 일이
되었지만요.

**에세이 《다만 빛과 그림자가 그곳에 있었고》에는 그보다
더 어릴 적, 사진에 대한 기억을 심어준 외삼촌 이야기가
있었어요. 삼촌은 어떤 분이셨어요?**
어릴 때부터 삼촌이 사진관을 하셨어요. 앨범을 보면
엄마나 아빠가 찍어준 사진보다 삼촌이 찍어준 사진이
압도적으로 많거든요. 산이나 바다, 놀이공원, 미술관,
당시 살던 동네까지… 항상 조카들을 우르르 데리고
사진 찍으러 다니던 게 떠올라요. 이제야 누군가 내 어린
시절을 기록해 준 게 무척 고맙고 의미 있는 일이라는 걸
느끼죠. 다섯 살 때 사진을 열 살 때, 스무 살 때 나아가
지금처럼 마흔이 다 되어서 다시 보는 기분은 완전히
다르니까요. 이것도 시간이 지날수록 가치가 붙는 기록
중 하나라고 생각해요. 다만 그 기억 때문에 사진을 일로
삼은 건 아니라서, 나중에 제가 사진가가 되었을 때 삼촌이
신기하게 바라보셨어요. 저는 저보다 앞서 오랫동안
카메라를 든 삼촌이 궁금해서 그 시절의 사진 촬영
방식이나, 돈을 버는 직업인으로서의 태도에 관해 여러 번
물었어요. 삼촌은 사진으로 돈이 잘 벌릴 때, 그래서
성취감이 있을 때 이 일이 재미있었대요. 사진을 찍는 건
다양한 이들을 접하는 일이라 사람 보는 눈도 생긴다고요.
삼촌과의 모든 순간이 기억나진 않지만 사진을 사이에
두던 장면들은 아직도 떠올라요.

> "삼촌, 난 사진을 배운 적이 없는데 틀렸다고
> 생각하지 않아?"
> "맞게 찍고 틀리게 찍고가 없지. 사진에는 그런 게
> 없지."

— 정멜멜,
《다만 빛과 그림자가 그곳에 있었고》 중에서

어떤 순간에 셔터를 누르고 싶은지 궁금해져요.
내 시선에 아름답고 기억하고 싶은 순간을 찍는 것.
카메라를 처음 들었을 때부터 그건 크게 변함이 없어요.

**그러고 보니 사진 찍을 때 상대의 장점을 잘 찾는다고
하던데요.**
그 사람이 어디가 예쁜지 바로 보여요. 근데 저는 다들
그런 줄 알았어요.

**아니에요. 단점보다 장점을 먼저 알아보는 건 특별한
재능이죠!**
그런 사람들이 다 사진을 하긴 하더라고요(웃음). 일로서는
큰 장점이라 생각해요. 그리고 제가 뼈가 두껍거든요.
손목을 봐도 엄청 튼튼해요. 내가 생각할 때 나의 이런
부분이 추구하는 모습과는 어긋날지라도 사진 찍을 땐
무지 도움이 돼요. 무거운 카메라도 오랫동안 잘 들 수
있거든요. 내가 장점이라 생각하지 못했던 게 직업적인
면에서 좋은 윤곽을 드러낼 때가 있나 봐요.

**나에겐 어떤 부분이 그럴까 생각해 보게 되네요. 혹시
꾸준히 지켜보는 누군가의 기록이 있어요?**
'샘 유킬리스Sam Youkilis'라는 사진가의 인스타그램이 인상
깊었어요. 그 사람은 전 세계를 돌아다니면서 좋은 장비
없이 아이폰으로 툭툭 찍어 올려요. 오렌지 깎는 할머니,
도로를 건너는 사람들, 설탕 먹는 할아버지…. 근데 그
자체로도 정말 아름답거든요. 숨 쉬듯 기록물을 올리는
걸 보면서 '그래, 기록은 이렇게 하는 거야.' 생각하기도
하고요. 찍는 사람의 시선이 특별하니까 평범한 일상 속
장면도 보는 이들에게 영감으로 남더라고요.

**몇 권의 책을 썼으니 글쓰기도 좋아하는 것처럼
보이는데, 어때요?**
맞아요. 그런데 《다만 빛과 그림자가 그곳에 있었고》라는
에세이집을 쓴 이후 확실히 느낀 건, 글만큼은 즐길 수
있는 나만의 영역으로 남겨두고 싶다는 거예요. 이미
사진이 그럴 수 없는 영역으로 넘어가 버렸거든요. 부담이
적고 재미있게 할 만한 선에서만 글을 써 내보이고 싶어요.

**에세이 속 "글을 쓰는 것이 내게 사진을 찍는 일만큼
익숙하고 즐거운 일은 아니었지만, 사진을 찍는 일보다
나의 윤곽선이 뚜렷해지는 일이었을지도 모르겠다."라는
문장이 떠오르는데요. 글과 사진을 대하는 나의 태도가
어떻게 다른가요?**
둘 다 저한테 익숙한 기록 도구지만 대하는 마음가짐은 좀
달라요. 글을 쓰는 수단인 언어는 정확하게 전달하기 위해

태어났잖아요. 오독을 하지 않도록 분명하게 말할 필요가
있죠. 원체 어렵게 쓰지 못하는 사람이기도 하지만 쉽게
읽히기 위해, 쉽게 쓰려고 노력하고요. 반면에 사진은 꼭
정확할 이유가 없어요. 특별한 목적이 없다면 문을 활짝
열어두고 보는 이들의 상상력을 불러일으켜도 좋잖아요.
그런 차이가 있다고 생각해요.

**자신의 기록을 보이도록 결정한 건 나지만, 해석하는 건
이름 모를 불특정 다수예요. 그 관계에서 오는 주저함이나
긴장감을 느끼나요?**

없어요. 의식을 안 한다고 말할 수는 없어도 부담스럽게
느끼거나 과하게 신경을 기울이진 않는 편이에요. 다른
이들의 기록도 하나하나 눈여겨보면서 파헤치려고
하진 않아요. 오늘 하루 5분이 주어진다면 제 작업물에
관해서만 쓰고 싶지 주변에 할애하고 싶지 않거든요. 다른
기록물을 가볍게 보니까 저도 가볍게 올리고. 남들이
어떻게 봐주길 바라는 마음도 없어요. 어쨌든 기록은 저를
위한 거잖아요. 남에게 보이더라도 그 시작은 저예요. 삶의
모든 것을 나를 위해 할 순 없지만, 적어도 기록은 남이
아닌 나를 위해 하는 일이고 그래야만 한다고 생각해요.

**쓰는 행위의 중심에는 내가 있는 거네요. 어쩌면 오늘
가장 먼저 물어봐야 했을지도 모르는, 멜멜 씨만의
'기록'의 정의인 것 같아요.**

그렇네요. 저한테 블로그가 하나 있는데 옛날만큼은
아니지만 일 년에 한두 번씩 사진을 모아 올리고, 연말
결산 게시글도 남기고 있어요. 누굴 위해서가 아니라
오로지 저를 위해 서버비를 지불하면서 유지하는
거거든요. 인스타그램 스토리도 일부러 하루에 하나라도
올리는데, 몇 년 뒤에 다시 보면 재미있지 않을까 싶은
생각으로 하는 거예요. 그 과정에서 사람들이 봐주면
좋겠다는 마음이 생기는 건 어찌 보면 자연스럽지만
중심에는 나를 위한다는 목적을 잊지 않으려 해요. 오늘의
인터뷰도 마찬가지로 지금의 저를 나중에 다시 읽어볼 수
있는 소중한 시간이지 않을까요?

**만약 내가 세상에서 사라진다면 그간의 기록들이 어떻게
되길 바란 적이 있어요?**

음… 사진이나 기록이 세상에 나온 뒤에는 제가 통제할 수
없는 거라 생각해요. 억지로 지우려 안간힘 쓰고 결국엔
사라졌다고 해도 누군가의 기억 안에는 남아 있을지도
모르고요. 그것 때문에 좀 수치스러워도 어쩔 수 없네요.

그럼 사적인 기록도 괜찮아요?

아, 그래도 일기는 지워야 할까요(웃음)?

저라면 일기만은 꼭 지울 거예요(웃음). 내가 사라져도
나의 기록은 어딘가에 남아 여전히 존재를 증명할 텐데,
'정멜멜이 남긴 기록'은 '정멜멜'을 어떤 사람이라 말하길
바라요?

이건 좀 고민되는데요. 사진을 좋아하는 사람? 잘 찍는
사람들은 너무나 많으니까 좋아하는 사람으로 불리길
바라요. 그렇게 기억되길 바라서 올루 올루를 하고 사진
에세이를 쓰고, 여전히 관련 책을 사서 공부하는 거거든요.
사진을 티 나게 좋아하는 사람이 되고 싶어요.

대화를 마치고 돌아가는 길, 발걸음이 닿는 곳마다 낙엽이
총총 떨어져 있고 시선이 닿는 곳마다 나무 머리 위 샛노란
은행잎이 보인다. 같은 빛깔로 땅에 떨어지는 햇살은 언제
봐도 반갑고 행복한 것이다. 어렴풋이 느끼는 행복을
놓치지 않고 기록해야 한다는 그의 말이 떠오른 건 바로
그때. 주머니에 넣어둔 휴대폰을 꺼내 렌즈를 두어 번 닦고
그 풍경을 찍었다. 우리의 대화가, 오늘의 장면이 훗날의
추억이 되길 바라며.

An Impromptu Melody

진솔한 찰나가 기록되는 장르

윤석철—재즈 뮤지션·프로듀서

에디터 이주연 (산책방)
포토그래퍼 강현욱

가사가 없는 재즈는 곧잘 삶의 배경 음악이 된다. 자연스럽고도 무던하게 귓바퀴를
감아오던 멜로디가 문득 푸근하다고 느낄 때, 신난다고 느낄 때, 감미롭다고 느낄
때 곡 제목과 앨범을 찾아보곤 하는데, 나는 그렇게 자주 윤석철트리오를 만났다.
곡 소개에 깃들어 있는 문장문장을 읽으며 선율이 훨씬 입체적으로 들려온다는
걸 깨달은 어느 날, 재즈 클럽에서 라이브를 듣곤 확실히 알았다. 재즈는, 무언가
다르구나. 그 '무엇'을 알고 싶어서 윤석철을 찾았다. 재즈의 둘레를 거닐며
중심을 만들어 가는 그에게서 숨김없는 재즈의 말간 민낯 이야기를 듣는다.

재즈는 연주의 가능성이 아주 많고 정답이 없기 때문에 무엇보다 솔직하게 지금의 나를 기록할 수 있어요. 즉흥적인 면이 있기 때문에 녹음하고 나면 하나하나 수정할 수가 없어서 연주한 그대로 기록되는 음악이기도 하고요.

돌아보니 재즈

초대해 주셔서 고맙습니다. 와, 여기 건반이 정말 많네요.

장비에 욕심이 점점 더 커지고 있어요(웃음). 건반을 사고 나면 조금 더 열심히 하고 싶어지고, 열심히 하다 보면 새 장비에 욕심이 생기고… 하나씩 모으다 보니 이렇게 많아졌네요. 만나서 반갑습니다. 저는 재즈를 기반으로 곡을 만들고 피아노를 연주하는, 음악 하는 윤석철입니다.

"음악 하는 윤석철"이라는 말에는 윤석철트리오, 안녕의온도, 작곡자, 프로듀서 역할이 모두 담겨 있을 텐데요. 어떤 역할을 하느냐에 따라 소개도 조금씩 달라질 것 같아요.

윤석철트리오는 제가 주축이 되어 재즈 연주곡을 만들고 셋이 함께 연주하는 팀이에요. 반면 안녕의온도는 윤석철트리오의 베이시스트가 곡을 만들고 저는 키보드 연주자로 함께하는 팀이죠. 때때로 노래도 부르고요. 다른 아티스트와 함께할 때는 주로 작·편곡에 참여하면서 프로듀서 역할을 맡고 있어요.

윤석철 하면 많은 사람이 가장 먼저 재즈를 떠올릴 거예요. 재즈와의 첫 만남 이야기부터 들어보고 싶어요.

당시에는 몰랐지만 돌아보면 '그게 재즈였구나.' 싶은 순간이 있었어요. 어린 시절 가족 나들이를 갈 때면 아버지가 차에서 척 맨지오니Chuck Mangione의 [Feels So Good] 앨범을 자주 들으셨어요. 유명한 앨범이라 들으면 누구든 '아, 이거!' 하실 거예요. 트레디셔널한 재즈 음반이라기보단 소프트 팝 계열인데, 그 앨범을 듣고 좋다고 생각한 기억이 나요. 베이스라는 게 어떤 악기인지도 모를 때인데 그 통기는 음을 입으로 부르고

다녔어요. 이것저것 골고루 듣던 아버지 덕분에 루이 암스트롱 베스트 앨범도 일찍 접하게 됐죠. 그때 제가 좋아하던 음악이 지금 생각해 보면 다 재즈더라고요.

재즈와 만난 데는 아버지 영향이 컸군요.

아버지는 어릴 때 가수가 꿈이셨대요. 여러 이유로 꿈은 접게 됐는데, 그 덕에 제가 음악을 하겠다고 했을 때 좋아해 주셨고 응원도 받았어요. 그때만 해도 흔쾌히 허락하는 집이 많지 않았거든요. 대체로 등짝 스매싱(웃음).

스스로 음악을 선택해 들을 나이가 됐을 땐 어떤 음악을 좋아했어요?

저는 라디오를 듣던 세대라 〈이본의 볼륨을 높여요〉나 〈이적의 별이 빛나는 밤에〉, 〈신해철의 고스트스테이션〉 등을 자주 들었는데, 그땐 좋은 노래가 나오면….

공테이프에 녹음하셨군요!

어? 맞아요! 같은 추억을 공유하고 있군요(웃음). 라디오에서 나온 노래들을 녹음해서 만든 저만의 믹스 테이프를 선생님 몰래 듣곤 했어요. 공테이프에 녹음한 음악만의 맛이 있지 않나요? 요즘엔 음악을 다시 테이프로 듣고 있는데 감회가 새롭고 같은 곡도 다르게 들려요. 그때는 서태지와 아이들, 듀스, 패닉, 전람회, 이상은, 토이 같은 뮤지션을 좋아했어요.

재즈는 우연히 배우게 됐다고 들었어요. 학원 선생님이 '재즈 좋아하는 아이'라고 오해하는 바람에 재즈 피아노에 입문하게 됐다고요.

중학생 때 반 친구들이랑 밴드를 만들기로 하고 악기를

배우자며 같이 음악 학원에 갔어요. 그 당시 저는 작곡가가 꿈이었기 때문에 건반을 배우다가 작곡을 해보면 어떨까 싶었는데요. 소통에 착오가 있어서 선생님이 제가 재즈를 좋아한다고 오해하시는 바람에 얼떨결에 재즈 피아노 선생님께 가게 됐어요. 그때 처음 재즈 피아노 연주를 듣게 됐는데 제가 좋아하던 음악과 비슷한 느낌이 있더라고요. 그때 마음이 동해서 재즈 피아노를 시작하게 됐죠.

[나의 여름은 아직 안 끝났어](2024)

오해가 아니었다면 재즈와 만나지 않았을 수도 있겠네요.
만약 그랬다면… 지금보다 더 잘나가지 않았을까요(웃음)? 워낙 음악을 좋아했기 때문에 재즈가 아니더라도 음악은 했을 것 같은데, 결이 조금 다르지 않았을까 싶어요. 더 잘됐을 거라는 이야기는 농담이지만 알 수 없는 일이죠. 지금보다 잘 안됐을 수도 있고, 상상도 못 할 삶을 살고 있었을지도 모르고요.

어느 인터뷰에서 "말을 많이 하는 걸 좋아하지 않는다."는 이야기를 접했어요. '둘의 대화' 곡 소개에도 "왜 그때 그런 말을 한 걸까 왜 그때 그 사람은 그런 말을 한 걸까"라는 문장을 적어두셨던데, 말하기를 그다지 좋아하지 않는 것 같아요.
생각나는 대로 일단 뱉고 보는 편이어서 말하고 난 다음에 후회할 때가 많아요. 지금은 인터뷰니까 제 이야기를 마음껏 하고 있지만 사람들이랑 함께 있을 땐 말수가 적은 편이에요. 후회하지 않으려고 스스로 단속하는 면도 있고요.

레코딩하실 때도 절제를 중요하게 생각하신다고요. 음악으로 기록하는 건 말로 남기는 것과는 차이가 있을 것 같아요.
예술 활동은 대체로 비슷할 것 같은데, 정확하게 아는 건 아니지만 글도 작은 아이디어와 영감에서부터 확장되는 창작 활동이라고 생각해요. 음악도 마찬가지거든요. 처음부터 끝까지 모든 악기와 멜로디가 한꺼번에 떠오르는 건 아니기 때문에 살을 붙이는 과정이 필요해요. 저는 특정 멜로디가 떠오르면 먼저 휴대폰으로 음성 녹음을 해요. 파편을 기록해 두는 거죠. 그 파편을 바로 꺼내서 작업해 볼 때도 있고, 몇 년간 묵혀둔 걸 꺼내서 살을 붙이기도

해요. 녹음해 둔 멜로디에서 '뭔가 만들어 볼 수 있겠다.' 하는 느낌이 '팟!' 하고 찾아오면 그때 음악으로 발전시키고요. 입을 열면 바로 할 수 있는 말하기와는 시간적인 면이 조금 다르다고 봐요.

멜로디를 녹음한다니까 보컬이 있는 음악부터 떠오르는데요. 재즈에서 멜로디는 어떤 식으로 녹음하게 되나요?
저는 연주자여서 보컬 멜로디보다는 연주 멜로디가 익숙한데요. 음… 보컬 멜로디보다 조금 더 리드미컬하죠. '뚜룹뚜스르르땁따~' 이런 식으로 재즈의 스캣처럼 녹음해요. 녹음된 음성은 저만 아는 신호여서 이걸 곡으로 만들려면 피아노로 먼저 그 멜로디를 연주해 봐요. 가끔 오래전에 녹음한 멜로디를 꺼내보면 생소하기도 하고, '이게 뭐지?' 싶을 때도 있거든요. 그런 멜로디는 아무리 만져도 만족스러운 음악으로 만들기 어려워요. 아직 때가 안 된 멜로디인 거죠. 그런 멜로디는 다시 묵혀두고 '팟!' 하는 순간이 올 때를 기다려요.

음악 만들 때 가치관이나 취향을 많이 투영한다고 하셨는데, 지금까지의 음악 기록을 통해 내 취향의 변화를 체감하기도 할 것 같아요.
그럼요. 사람은 그때그때 생각이 달라지는 존재이기 때문에 저도 취향이나 가치관에 변화가 있었어요. 저는 내년이면 한국 나이로 마흔이 되는데, 최근에는 나이 먹어간다는 느낌을 많이 받아요. 청춘이 끝나고 있다는 걸 실감하는 때죠. 올해 8월에 발매한 [나의 여름은 아직 안 끝났어]에도 그런 이야기가 담겨 있어요. 제 인생의 여름이 지나가고 있다는 느낌을 담아 만들었거든요. 이전에는 제가 즐거워하는 것, 혹은 주위에서 발견한 친근한 소재들로 음악을 만들었는데 이번에는 제 이야기를 조금 더 많이 담게 됐어요.

어떤 의미에서 청춘이 끝나간다고 느꼈어요?
단순히 나이에서, 숫자에서 오는 감각이에요. 주변 이야기를 들어보면 보통 마흔이 될 때 여러 생각이 든다고들 하더라고요. 저는 서른이 될 때 정말 신났거든요. 오히려 20대 땐 30대가 빨리 되고 싶었어요. 20대는 스스로 조금 어리다고 생각했고, 어딜 가도 어리다는 이유로 제대로 인정을 못 받는 것 같았거든요. 어리숙한 분위기를 빨리 지우고 싶었죠. 30대가 되면 독립도 하고, 마음껏 하고 싶은 걸 할 수 있을 거라 생각했기에 서른이

됐을 땐 정말 좋았어요. 실제로 30대엔 연습을 많이 하고, 활동도 풍성하게 했어요. 음악도 수월하게 만들었고요. 근데 마흔을 앞두고부터 제 몸이 예전 같지 않더라고요. 물리적으로 몸 상태가 달라지니까 약간의 위기감이 찾아왔어요. 한두 군데씩 아프고, 고장 나기 시작하고, 회복 속도도 더뎌졌는데요. "늙어 죽을 때까지 음악 하면 행복할 것 같다."는 선배 뮤지션들 말이 그저 바람인 줄 알았는데, 관리를 철저하게 해야만 할 수 있는 일이라는 걸 체감하게 됐어요. 실제로 음악에 매진하다 생을 마감한 뮤지션들이 얼마나 몸 관리에 철저했는지 조금이나마 알아가고 있죠. 몸뿐만 아니라 생각도 그래요. 시간이 갈수록 점점 보수적으로 바뀌고 있다는 걸 깨닫는데, 스스로 '나 지금 꼰대 같은데….' 싶을 때도 있어요.

그런 걸 깨달으면서 모든 게 조금씩 조심스러워지더라고요. 요즘은 제 변화와 문제 상황을 잘 헤쳐 나가는 음악을 하고 싶다는 생각이 많아요. 이 생각이 앞으로 또 어떻게 바뀔지는 모르겠지만, 일단은 제가 하는 생각들을 깨부수는 음악을 만들고 싶어요. 잘할 수 있을지는 모르겠지만요(웃음).

지금 하는 생각을 담은 곡이 아니라 깨부수는 곡을 원하시는군요.
네. 음악에 지금 제 생각들은 안 담고 싶어요. 제가 원하지 않는 저를 받아들이는 것 같아서요. 오히려 제 생각을 깨뜨리고, 규율과 통념에서 벗어날 수 있으면 좋겠어요.

포개진 시간과 변화를 톺아보며

윤석철트리오는 팀명처럼 트리오로 구성되어 있는데요, 트리오란 "미니멀한 체계에서 최선의 인터플레이를 할 수 있는 포맷"이라고 소개하신 적이 있죠. 트리오 구성에 관해 조금 더 이야기해 주실래요?

재즈에서의 트리오는 드럼, 베이스 같은 최소한의 리듬 세션과 피아노, 딱 이렇게 셋으로 이루어져요. 재즈 편성에서 가장 미니멀한 구성 중 하나죠. 인터플레이는 순간순간 즉각적인 연주에 서로 반응하는 걸 의미하는데요. 재즈는 다른 음악에 비해 즉흥적인 장르예요. 대중가요만 해도 일종의 규칙이 있어요. 벌스가 끝나면 스네어가 세 번 들어오고, 그때 히트가 들어오고 그다음 하이햇이 들어오고… 하는 식으로요. 반면 재즈 트리오는 그렇지 않아요. 원래는 여덟 마디로 구성된 곡이어도 네 마디만 하고 싶다면 즉흥적으로 바꿀 수 있죠. 함께 연주하는 사람들은 바뀐 연주에 맞춰 연주하면서 약간 변주된 흐름을 만들어 가요. 예컨대, 제가 구성에 없던 '따따다다단'을 즉흥적으로 연주한다면 다른 멤버들이 이를 파악하고 '따따다다단' 리듬이 연상되게끔 즉석에서 다른 연주를 만들어 내는 거예요. 인터플레이는 재즈 음악을 이해하는 데 중요한 요소예요. 알고 들으면 재즈가 훨씬 재미있고, 라이브에서도 인터플레이를 찾아내는 재미가 있죠.

인터플레이를 잘하기 위해서는 서로 이해하고, 배려하고, 합이 잘 맞아야 할 것 같아요.

특히 합이 잘 맞는 사람들이 있어요. 대화가 잘되는 사람이 있는 것처럼요. 그런데 무조건 같은 방향으로 가는 것만이 좋은 건 아니에요. 제가 A를 연주했을 때 이를 캐치하고 바로 따라와 주는 연주자가 있는 반면, A를 연주했을 때 '지금 여기서 A를?' 하는 생각으로 F로 나아가는 연주자도 있거든요. 정답이 있다기보단 스타일이 다른 거여서 연주하는 사람도, 듣는 사람도 취향이 갈릴 수 있어요. 전자가 조화로운 느낌이라면 후자는 실험적인 느낌을 주죠. 어떤 연주든 나름대로 가치가 있기 때문에 무조건 합이 잘 맞는 연주가 좋은 건 아니에요. 적절히 섞어가며 연주하는 편이 저는 좋더라고요. 합이 잘 맞는 연주자와 함께하는 건 편안하고 연주가 매끄럽지만 계속 이어지다 보면 도태될 우려가 있어요. 하나에 함몰되기 쉽고요. 반면, 자기주장이 센 연주자와 함께하다 보면 간혹 의견이 안 맞을 때도 있지만 저도 제가 추구하는 바를 한 번 더 생각하면서 새롭게 나아갈 수 있어요. 여러 장단점이 있기 때문에 다양한 방식을 계속해서 경험해 나가고 싶어요. 윤석철트리오는 오랫동안 함께하면서 합이 잘 맞춰진 팀이어서, 여기서 한발 더 나아가기 위해서는 유연한 시각을 갖추는 게 중요하다고 생각해요.

윤석철트리오는 "재즈에 힙합이나 일렉트로닉과 같은 장르를 결합한다."고 자주 소개되죠. 2022년에 발매한 EP [익숙하고 일정한]에는 국악 요소도 결합했는데, 이러한 시도에 관해 들어보고 싶어요.

재즈는 예부터 본연의 것을 지키면서도 새로운 것과 퓨전하는 식으로 발전해 온 장르예요. 앞으로도 그럴 거라 생각하고요. 새로운 시도에 예민하게 반응하지 않으면 정체될 수 있기 때문에 항상 다른 시도를 해보려고 해요. 재즈 트럼펫 연주자인 마일스 데이비스Miles Davis도 70년대부터 재즈와 전자 사운드로 퓨전 재즈를 선도해 왔는데요. 그러한 정신을 이어가는 게 재즈 연주자로서의 숙명이라고 생각해요. 재즈가 다른 장르에 비해 퓨전에 열려 있다 보니 힙합, 일렉트로닉, 국악 같은 요소를 결합하는 게 특이해 보이겠지만, 사실 재즈 역사를 살펴보면 제 명함으로 내밀긴 좀 머쓱해요(웃음). 또한 재즈는 과거와 현재와 미래가 공존하는 장르라고 생각하는데요. 과거에 만들어진 재즈 음악이 지금도 활발하게 연주되고, 이러한 흐름은 앞으로도 계속될 거예요. 지금 제가 만든 음악이 미래엔 과거가 되어 연주될 수 있도록 새로운 시도를 해나가면서 헤리티지를 쌓아가고 싶어요. 그럴 수 있는 열린 장르가 재즈이기도 하고요.

윤석철트리오의 곡 소개를 읽다 보면 눈앞에 한 장면이 펼쳐지는 듯한 기분이 들어요. 거대한 이상이나 목표보다도 사소한 경험이나 장면이 담겨 있어서 좋더라고요.

저는 큰 이상이나 원대한 목표를 두고 살아가는 편은 아니어서 음악을 만들 때 주로 제 주변을 관찰하곤 해요. 누군가와 대화 나누면서 느낀 것, 발견한 것들로 생각하는 편이죠. 그러다 '아!' 하는 느낌과 함께 재미있다는 생각이 드는데, 그때 곡으로 만들 준비를 해요. 녹음해 둔 멜로디를 듣다가 '팟!' 하는 느낌과도 비슷하죠. 얼마 전에도 이것저것 상상하다가 '이거 진짜 재미있겠다.' 싶은 이야기가 있었는데… 뭐더라, 진짜 재미있었는데.

따로 기록해 두진 않나요?

원래는 기록하는데 상상하다가 갑자기 떠오른 이야기는
놓칠 때도 있어요. 아, 정말 재미있는 상상이었는데
까먹다니(웃음). 하지만 분명히 다시 생각날 거예요. 영감을
받은 장면이라면 돌아 돌아 다시 제게로 올 테니까요.
그때는 정말 음악으로 써봐야겠죠.

**[나의 여름은 아직 안 끝났어]에서는 현재뿐만 아니라
과거 이야기도 보이는 것 같아요. '오일장' 같은 곡이요.**

> 물건 파시는 할머니와 한 푼이라도 더 깎아보려는
> 아주머니.
> 떡볶이 먹고 싶어 따라나온 조그만 소년.
> 가게 앞에 앉아 하염없이 부채질만 하시는
> 할아버지.
> 무거운 짐을 지고 부지런히 갈 길 가시는 아저씨.
> 묘하게 뒤섞여 있는 냄새.
> 희미해지는 내 어릴 적 시장의 그림들.
>
> — '오일장' 곡 소개 전문

어릴 땐 지금보다 훨씬 쾌활했어요. 지금은 크게 표현할
일도 잘 없고, 내성적으로 변하면서 SNS에 뭔가를
쓰는 일도 줄었는데요. 그러다 보니까 곡에 제 이야기를
담는 일이 더 많아졌는데, 모든 게 직접 경험한 이야기는
아니에요. 특히 '오일장'은 제 과거 경험이라기보단 제목을
정하면서 상상한 이야기죠. 다섯 박자로 진행되는 곡이라
오일장이란 단어를 떠올리게 됐고, 멜로디가 한국적이고
토속적인 분위기여서 오일장이란 단어와 잘 어울린다고
생각했어요. 곡 소개는 사족을 붙인다는 느낌으로
상상해서 쓴 거고요. '오일장'은 음악이 먼저 나오고
제목과 이야기를 입힌 경우지만, 반대 경우도 있어요.
'나의 여름은 아직 안 끝났어'는 제목이 먼저 정해지고
음악이 나온 곡이었죠. '나의 여름은 아직 안 끝났어'라는
문장이 마음에 와닿아서 이 문장을 곡에 써봐야겠다고
생각하던 차에 잘 어울리는 멜로디가 나와서 곡 제목으로
쓰게 됐어요.

**직접 경험한 일이 아니어도 앨범 곳곳에 크고
작게 윤석철이 숨어 있군요. 2019년에 발매한
[SONGBOOK] 이야기도 해보고 싶은데요.
윤석철트리오 10주년을 기념하며 만든 앨범이었죠. 벌써
15년 차 팀이 됐지만, 음악 기록이 10년이 됐을 때 감회는
또 새로웠을 것 같아요.**
재즈는 시간이 흐르면서 특히 변하는 지점이 많은
장르예요. 그래서 [SONGBOOK]에는 이전 앨범 곡들을
다시 연주해서 재수록하기도 했는데요. 재즈 앨범에는

기존에 발표한 곡을 새롭게 녹음해서 수록하거나 라이브
버전을 녹음해서 넣는 등 같은 곡이 여러 번 수록되는
일이 많아요. 같은 곡이어도 어디에서, 어떤 컨디션으로
연주하느냐에 따라 분위기가 많이 달라지거든요. 재녹음이
윤석철트리오만의 특별한 시도는 아니지만 시간이 얼마나
흘렀느냐에 따라서도 연주가 달라지기 때문에 저희에겐
지난 곡들을 돌아보는 의미 있는 작업이었어요.

[SONGBOOK](2019)

[Growth](2009)

**즉흥성이 두드러지는 장르라 연주할 때마다 달라지기도
하겠군요.**
그렇죠. [SONGBOOK]에 실린 'Not Yet'은 정규
1집 [Growth]에 수록된 곡인데요. 1집 발매는
2009년이었지만 첫 녹음은 2006-2007년 즈음이었으니
[SONGBOOK]에 재수록할 당시 10년이 훌쩍 넘은
곡이었어요. 그 당시 제가 보기엔 애송이 시절이라(웃음)
아쉽다는 생각이 있어서 조금 더 다듬어서 재녹음하게
됐는데요. 'Not Yet'처럼 아쉬워서 다시 녹음한 곡도
있지만, 조금 다른 편곡으로 녹음해 보고 싶은 욕심나는
곡도 있었어요. [SONGBOOK]은 그간 쌓아온 우리
곡들에 새로운 시도를 하며 만들어 간 앨범이어서
10년이란 세월이 흘렀다는 걸 새삼 실감한 작업이기도
했어요.

음악이라는 기록장

이번 호 주제어가 '기록'인데요. 저마다 기록의 방식은 다를 거예요. 글, 사진, 그림, 영상 등 다양할 텐데 음악으로 기록하는 건 어때요?

음악이라고 해서 다른 장르로 기록하는 것과 크게 다르진 않아요. 재즈 음악으로 한정해서 생각해 보면, 특징적인 점은 연주의 가능성이 아주 많고 정답이 없기 때문에 무엇보다 솔직하게 지금의 나를 기록할 수 있다는 거예요. 같은 음악이라고 해도 대중가요라면 추후 수정하거나 다듬어서 곡을 만드는 게 가능한데요, 재즈는 즉흥적인 면이 있기 때문에 하나하나 수정할 수가 없거든요. 연주한 그대로 기록돼 버리는 장르죠. 그래서 의외의 결과를 낳기도 해요. [나의 여름은 아직 안 끝났어]에 수록된 '말 없는 사람'이 그런 경우인데요, 녹음할 때 감기 기운도 있고 컨디션이 너무 안 좋았거든요. 힘이 하나도 없어서 그만하고 싶다는 생각이 들 정도였지만 시작했으니 끝을 내야 한다는 생각으로 간신히 마쳤어요. 사실 나중에 다시 해야겠다는 생각으로 녹음했는데요. 집에 와서 들어보니까 생각보다 연주가 좋더라고요. 그다음 날 다시 한번 녹음했는데, 이전 연주를 이길 수가 없었어요. 컨디션이 안 좋다 보니 조금 릴렉스하게 연주됐는데 '말 없는 사람'이란 곡의 테마와도 잘 어울리는 결과가 나왔어요. 처연한 분위기가 잘 표현된 것 같아서 아프길 잘했다 싶기도 했죠(웃음).

재즈는 순간에 솔직한 장르로군요.

곡을 만들 때도 그렇지만 특히 잼 세션 때 도드라지는 특성이죠. 잼은 따로 합을 맞추거나 연습해 보지 않고 무대에 올라 즉흥 연주를 극대화하는 연주를 뜻하는데, 말이 아니라 연주로 대화하는 거라고 생각하시면 돼요. 재즈 뮤지션에겐 굉장히 필요하고, 소중한 연주죠.

석철 씨는 클럽 에반스에서 주기적으로 잼 세션을 진행하고 있죠. 즉흥적인 만큼 예상치 못한 에피소드도 있었을 것 같아요.

정말 많죠. 한번은 무대 뒤편에서 아마추어 재주 연주자들의 잼을 보고 있었는데 누군가 연주를 하다가 틀렸어요. 재즈에는 정답이 없다고 했지만 특정 곡을 연주할 때는 주어진 형식이 있거든요. 이를테면 '어텀 리브스Autumn Leaves'나 '플라이 미 투 더 문Fly Me To The Moon' 같은 음악을 연주한다고 하면, 정해진 큰 틀은 있을 테니까요. 누군가 틀렸을 땐 빠르게 다른 연주자들이

거기에 맞춰 연주를 바꾸거나 틀렸다는 걸 인지하고 제자리로 돌아와야 하는데 연주자 중 누구도 틀렸다는 걸 눈치채지 못한 것 같았어요. 한 사람이 틀리니까 또 다른 사람이 틀리고, 또 다른 사람이 틀리고… 연쇄적으로 틀린 연주가 이어지면서 모두 다른 데를 연주하기에 이르렀죠. 재즈 뮤지션들은 무대 뒤편에서 "어떡해, 누가 도와줘야 하는 거 아냐?" 하기도 하고, 누군가는 즐거워하면서 "망했다!" 하면서 웃기도 하고…. 저는 마음속으로 '제발 맞춰줘!' 하고 간절히 바랐어요. 그런데 무대 뒤편과는 달리 관객분들은 집중해서 연주를 듣고 계시더라고요. 하드 리스너라면 알아챌 수도 있었겠지만 그렇지 않다면 알아차리기 쉽지 않으니까요. 결국 연주자와 뮤지션, 관객이 전부 다른 상태로 무대를 보게 됐는데 그 풍경이 재미있더라고요. 결국 어느 순간 한 연주자가 잘못된 걸 캐치하고 조율한 덕분에 연주는 잘 마무리됐어요. 연주가 제자리를 찾아갈 때 뒤에서 뮤지션들끼리 "파이팅!" 하면서 응원하던 게 떠오르네요(웃음).

윤석철트리오도 벌써 15년이 됐고, 잼 세션도 800회를 넘어섰어요. 좋아하지 않으면 이렇게 긴 시간 이어오기 힘들 거라 생각하는데요. 음악 하는 원동력을 '즐거움'이라고 이야기하시던데, 석철 씨가 생각하는 즐거움은 어떤 의미예요?

두 가지가 있는데 첫째는 순수한 즐거움, 둘째는 즐겁다고 생각하는 즐거움이에요. '즐겁지 않더라도 즐겁다고 생각하면 즐겁다, 기쁘다고 생각하면 기쁘고, 행복하다고 생각하면 행복하다.'는 생각으로 자기 최면을 거는 거죠. 재즈는 순수하게 즐거워서 시작한 거지만 직업이 된 이상 매일 즐거울 수만은 없거든요. 일로 대하게 되면 몸도, 마음도 지치는데 즐겁다고 생각하면서 순수하게 좋아하는 마음과 일에서 오는 괴리를 최대한 줄이고 있어요. 그럴 때 진짜 행복하다고 느낄 수 있으니까요.

즐겁게 음악 하는 모습은 유튜브 채널에서도 만나볼 수 있었어요. 유튜브 〈윤석철(Yoon Seokcheol)〉 채널에 관해서도 이야기해 볼까요?

인터뷰에서 유튜브 이야기를 하려니까 새삼스럽네요(웃음). 유튜브가 막 부상할 때 주위에서 유튜브는 무조건 해야 한다는 이야기를 들으면서 저도 채널을 만들게 됐어요. 저만의 B급 감성을 담은 콘텐츠를 업로드했는데, 지금은 일의 연장이라기보단 하나의

SNS처럼 사용하고 있어요. 직접 해보니까 콘텐츠 하나를 만드는 데 엄청나게 많은 정성이 필요하다는 걸 알게 됐어요. 전문 유튜버가 되려던 건 아니었지만, 하다 보니 유튜브로 작업하는 건 안 되겠다는 생각이 들더라고요. 저는 확실히 음악을 만들고, 연주하고, 발표하고, 앨범을 만드는 사람인 것 같아요. 지금은 앨범 바깥에서 곡에 관한 또 다른 이야기를 전하고 싶을 때 유튜브를 소통 창구 중 하나로 사용하고 있어요.

〈거침없이 하이킥〉의 한 장면 '호박고구마'를 재즈로 풀어낸 '1분 재즈' 시리즈나 게임 '동물의 숲' 오프닝 연주 영상 보면서 기획이 참신하고 재미있다고 생각했어요. 단순한 콘텐츠가 아니어서 기획과 촬영, 편집이 쉽지 않았을 거란 생각도 들더라고요.
1분 재즈 시리즈도 처음 했을 땐 재미있었는데 요즘은 콘텐츠 길이가 점점 짧아져서 뭐든 틱톡이나 릴스로 30초, 15초 길이로 보여주곤 하잖아요. 그러다 보니 재즈를 줄여서 보여주는 데 회의감이 생기더라고요. 몇 초 안 되는 짧은 영상 하나에도 엄청난 정성이 들어가는데 제가 열과 성을 쏟을 곳은 여기가 아니라는 생각도 들고, 짧은 호흡은 제가 추구할 방향이 아니란 생각도 들었어요. 오히려 콘텐츠를 만들어 보면서 음악 만드는 데 조금 더 집중할 수 있게 됐죠. 해보지 않았다면 몰랐을 텐데 경험하고 나니까 저한테 맞는 기록 방식은 음악이란 걸 확신하게 됐어요.

석철 씨는 원래 작곡을 하고 싶었다고 했죠. 왜 연주자보다 작곡에 더 매력을 느꼈어요?
어릴 때는 연주자라는 건 서너 살부터 피아노를 친 영재들이 하는 일이라고 생각했어요. 처음부터 제가 할 수 있는 영역은 아니라고 여긴 거죠. 저는 제가 하는 생각, 마음을 음악으로 표현하고 기록하고 싶던 건데요. 그러려면 작곡가가 되는 게 좋겠다고 생각했어요. 막연하게 작곡가가 멋있다는 생각도 자주 했고요.

다른 아티스트 곡 작업도 하고 있으니 두루 꿈을 이루신 거네요. 다른 아티스트 곡 작업 땐 "아티스트를 돋보이게 하고 그 사람의 생각을 얼마나 이끌어낼 수 있을까."라는 생각으로 작업하신다고 들었어요. 어떤 의미에선 공동 기록이라는 생각도 들어요.
맞아요. 다른 아티스트와 작업할 때는 우선은 상대방이 잘하는 장르를 이해하는 데 먼저 초점을 맞춰요. 잘 아는 아티스트의 작업을 맡는 경우도 있지만, 그렇지 않은 경우엔 충분히 음악을 듣고 가사를 음미해 보려고 해요. 음악적인 요소를 먼저 이해하고, 기능적으로 잘해내야 한다는 생각을 하면서 조율해 나가죠. 이전

곡들의 작·편곡가는 누구인지도 살펴보고요. 그러고 나서 아티스트와 대면하고 이야기 나누면서 삶의 궤적이 어떻게 흘러온 걸까 상상도 해봐요. 최대한 이야기를 많이 나누면서 취향을 파악하고, 음악을 통해 어떻게 보이고 싶은지도 알아가는데요. 진솔한 이야기를 나눌수록 더욱 그 사람다운 음악이 나오는 것 같아요. "끝내주게 해줘."라고만 이야기해도 어떤 걸 원하는지 알 수 있는 친한 아티스트도 있지만, 그렇지 않다면 진지하게 그 사람을 알아가는 게 중요해요. 그래야 오해 없이 효율적이고 순조롭게 작업할 수 있거든요.

지금까지 해온 음악, 다른 아티스트를 위한 작업 그리고 앞으로 해나갈 음악들이 모여서 하나의 거대한 기록물이 될 것 같아요. 앞으로 어떤 음악 기록을 남기고 싶어요?
저는 여전히 옛날 음악을 많이 들어요. 지금은 돌아가신 분도 있고, 슬슬 생이 저물어가는 뮤지션도 있죠. 제 음악도 그렇게 쭉 이어지다가 자연스럽게 저물어가면 좋겠어요. 윤석철이란 사람을 속속들이 알진 못하더라도 후대의 누군가가 제 음악을 계속 들어주었으면 싶죠. 제가 세상에서 사라진 뒤에도 제 음악은 계속 남아서 "2000년대 한국 재즈 신에 윤석철이란 뮤지션이 있었대." 하고 누군가 제 곡을 연주한다면, 정말 행복할 거예요.

이 인터뷰도 윤석철이란 뮤지션에 대한 기록물이 되겠죠. 마지막으로 앞으로의 이야기를 남겨 주신다면요?
윤석철트리오는 올해 연말 공연을 앞두고 있어요. [나의 여름은 아직 안 끝났어]를 온전하게 소개하는 자리가 될 예정인데요. 무대에서 연주하는 건 앨범과 또 다른 느낌이 있기 때문에 한 번쯤 라이브를 들어보셨으면 좋겠어요. 연말 공연을 잘 마치고 나면 윤석철의 2024년을 잘 보내주는 데 집중하려고요. 아직 계획한 건 없지만 내년에는 지방에서도 공연을 조금 더 많이 하고 싶어요. 이번 앨범이 나온 이후에 지방에 계신 분들과 제대로 만날 일이 없었거든요. 몇 차례 공연을 하고 나면 다음 앨범을 구상하게 되겠죠? 여기저기 다니면서, 사람들과 대화하면서 다음 앨범에 수록할 곡들을 만들어 나가려고요. 오늘 너무 많은 이야기를 해서 사람들과 대화하는 건 조금 나중 일이 될 것 같지만요(웃음).

재즈를 곁 하는 방법

재즈를 가까이 두지만 친하다고 말하기긴 어렵다. 얕게는 듣지만 깊게는 모른다. 그렇지만 분명히
재즈를 좋아하고 있다. 이참에 한 발짝 다가가고 싶은 맘에 대화를 나눈 다음 날 윤석철에게
넌지시 메시지를 보냈다. "재즈 입문자에게 추천하고 싶은 앨범 있나요?" 금세 답장이 도착한다.

1. Bill Evans, [Alone](1968)

"재즈를 처음 시작했을 무렵, 처음 구매한 앨범 중
하나입니다. 첫 감상은 '우와, 뭐 하는 건지 하나도
모르겠다.'였는데 시간이 지나면 지날수록 진가를 알아간
앨범이죠. 정말 좋은 앨범이에요."

2. 칸노 요코(작곡가), 〈카우보이 비밥〉 OST

"저의 올타임 베스트 애니메이션 〈카우보이 비밥〉의
사운드트랙은 칸노 요코라는 작곡가가 만들었는데요.
학생 때, 재즈를 열심히 배워서 〈카우보이 비밥〉 OST
같은 애니메이션이나 영화 음악을 만들면 정말 멋지겠다고
생각했어요. 최근에는 일본어 공부를 열심히 하고 있어서
다시 정주행했는데 음악이 또 다르게 들리더군요."

3. Bala Desejo, [Sim Sim Sim]

"브라질의 4인조 그룹이 2년 전 발매한 음반인데 최근에
정말 많이 들었어요. 브라질 음악의 현재를 알 수 있는
앨범이라고 생각해요. 우연히 듣게 되었는데 듣자마자
매료되어서 여기저기 전파하고 있습니다. Bala Desejo가
내한 공연을 할 수 있도록 열심히 홍보할 거예요!"

누군가 그를 보며 취향이 또렷하다 말한다면, 또 다른 누군가가 그의 기록을 보며 부지런하게 쏘다닌다고
말한다면 에디터 김정현은 아마 이렇게 답하지 않을까. 솔직하게 말해서 취향은 잘 모르겠고 부지런함과는
거리가 멀다고. 자신의 마음과 시선이 머무는 것을 모아 콘텐츠로 만드는 그는 부러 감추거나 더하지 않은
원본의 애정을 기록한다. 경험에서 기쁨을, 공유에서 더 큰 기쁨을 만끽하는 그는 좋아하는 게 참 많은
사람이다. 그리고 그게 나다운 건지는 몰라도 재미있게 사는 법이라는 건 분명히 안다.

그러니까 솔직하게 말하면

김정현—콘텐츠 에디터

에디터 이명주

포토그래퍼 박은비   장소 협조 룩백커피

반가워요. 오늘 인터뷰를 위해 정현 씨에게 함께 가볼 카페 한 곳을 추천해 달라고 했는데 여기, '룩백커피'를 말씀하셨죠.

안녕하세요. 연희동에 자주 오는데 그중에서도 룩백커피를 좋아해요. 다른 단골 카페 사장님께서 이곳이 곧 문을 연다는 소식을 알려주신 덕분에 오픈 전부터 지켜봤고 지금까지 즐겨 찾는 곳이 되었죠. 룩백커피를 취재해 콘텐츠를 만들기도 했고 여기서 작업도 곧잘 해요.

사장님이 보자마자 주문할 메뉴를 알아채시더라고요. 필터 커피, 따뜻하게, 워시드 용법으로 과테말라. "늘 먹던 걸로"라고 주문하는 손님처럼 보였어요(웃음).

다른 건 몰라도 유일하게 커피에 대해선 입맛이 까다롭거든요. 보통은 가벼운 느낌에 산미가 있고, 과일 단맛이 나는 필터 커피를 좋아해요. 필터 커피는 따뜻하게 마셔야 향이 더 섬세하게 느껴진대요. 예전에는 쓴맛 나는 진한 커피만 찾았는데 카페를 이곳저곳 다녀보고 사장님들과 대화를 나누다 보니 입맛이 완전히 바뀌었어요. 룩백커피는 플랫화이트나 라떼도 맛있어요. 다음에 드셔보세요.

꼭 기억할게요. 그럼 자기소개로 시작해 볼까요?

네. 저는 전북 익산에서 나고 자라 지금은 서울에서 12년째 살고 있는 김정현입니다.

뮤직 & 라이프스타일 매거진 《BGM》 에디터, 디지털 매거진 〈디에디트〉 객원 필자, 에세이집 《나다운 게 뭔데》 지은이처럼 하고 있는 일이 많아서 무어라 소개할까 궁금했는데, 생각보다 간단해요.

요즘 들어서 자기소개를 해달라고 했을 때 일 이야기부터 꺼내는 게 흔쾌하진 않더라고요. 의례적으로 자신을 소개할 때 직업이나 하는 일에 관해 말하긴 하지만, 그것 말고도 나를 표현할 수 있다고 생각하거든요. 제 정체성을 이룬 부분에서 중요한 게 지방에서 나고 자라 서울에 와서 살고 있다는 거예요. 이외에는 안경을 쓰고 수염을 기르며, 커피와 수다를 즐기고, 밖을 돌아다니는 걸 좋아하는 삼십 대 아저씨라 말하고 싶어요.

이번 《AROUND》는 쓰는 사람, 나아가 자신의 흔적을 다른 이들과 활발하게 공유하는 이야기를 모아요. 정현 씨는 스스로 기록을 즐기는 사람이라 생각하세요?

제가 지금껏 해온 일은 한 마디로 경험한 걸 사람들에게 소개하거나 공유하는 건데요. 그 기반은 평소에 찍는 사진이나 메모, 하다못해 네이버 지도에 별표로 공간 저장해 둔 것들이니까 기록하는 사람이라 생각해요.

그런데 수기로 기록을 남기는 일은 아이디어를 가다듬을 때를 제외하면 거의 없고 대부분 노트북을 사용하죠. 제 노트북 메모장에는 항상 '작성 중'이라는 제목의 페이지가 있는데요. 마구 메모해 둔 걸 왼쪽에 띄우고, 오른쪽에 '작성 중'이라는 새 페이지를 열어 초고를 쓰곤 해요. 글을 쓰게 만드는 좋은 동력이자 가끔은 피하고 싶은 기록 도구가 매일 마주하는 빈 페이지예요.

만약 노트북이 없는 상황이라면 어떻게 해요?

그럼 폰을 쓰죠. 갑자기 떠오른 생각이 금세 날아가 버릴 것 같은 상황이나 타이핑하기 어려울 때가 있잖아요. 예를 들어 볼일을 보거나 샤워하는 중일 때요. 그럴 땐 음성 메모 앱을 켜서 말로 녹음해 두고, '클로바노트'에서 음성을 텍스트로 변환한 뒤 메모장에 옮기면 아주 유용해요. 그리고 최근엔 영상에도 재미를 붙였는데, 아이폰 기본 카메라의 비디오 설정이 60 프레임이라면 24 프레임으로 바꿔 가로로 찍으면 움직임이 끊기는 듯하면서 뭐랄까, 영화적인 느낌이 더해지더라고요. 바람에 흔들린 나무들이나 지나가는 고양이, 서울의 여러 장면을 담아 15초씩 영상을 만들어 인스타그램에 업로드하고 있어요. '좋아요'는 별로 없지만 혼자 뿌듯해하고요(웃음).

기록하는 모습을 더 상상해 보고 싶은데요. 글 쓸 때 꼭 필요한 게 있다면요?

주로 카페에서 작업하다 보니 그곳에선 커피가 필수지만, 집에서라면 씻고 난 후 시원한 물을 한 잔 갖다 두고 시작해요. 만약 일기처럼 감성을 북돋거나 내밀한 이야기를 담는 글이라면 일본의 피아니스트인 '하시모토 히데유키Hashimoto Hideyuki'의 [Room] 앨범을 재생하죠. 무척 좋아하는 앨범인데 그 노래들을 듣다 보면 분위기에 충분히 젖어들거든요. 반대로 경쾌한 톤의 캐주얼한 글을 써야 한다면 영국 뮤지션 '톰 미쉬Tom Misch'의 [Beat Tape 1]을 들어요.

최근 연희동에서 라이프스타일 커뮤니티 '스웻데이즈Sweatdays'와 함께한 산책 프로그램 '워키 토키 Walkie Talkie'가 인상 깊었어요. '시티 털보 따라 걷는 연희동 골목길'이라는 소개도 기억에 남고요.

서울에서 마포, 종로, 서대문을 좋아하는데 그중에서도 연희동은 카페도 많고 혼자 걷기가 좋아요. 고즈넉한 주택가에 각자의 개성이 드러나는 소규모 상점들이 있고, 높은 건물이 없어 하늘을 올려다보기에도 알맞죠. 주민들의 자연스러운 생활 풍경도 엿볼 수 있고요. 제가 여기저기 쏘다니는 것처럼 보이지만 즐겨 찾는 동네에서 하는 일은 이런 게 전부예요. 카페나 식당, 편집숍처럼 어떤 지역의 매력적인 공간들을 묶어서 다니는 걸 좋아하니까 그걸 글이나 영상 콘텐츠로 옮긴 건데, 바깥에서 직접 해보자는 스웻데이즈의 제의를 받아서 산책길의 호스트가 되었죠. 신청하신 분들과 주말에 모여 한 시간 반 동안 연희동의 랜드마크인 사러가 쇼핑센터와 '메뉴팩트 커피'를 지나 서연중학교 담장을 따라 걸었어요. '다크에디션 커피'에서 필터 커피 한 잔씩 테이크아웃해서 공원과 독립서점, 편집숍까지 둘러봤죠.

낯선 사람들과 함께한 산책은 어땠어요?
정말 재밌었어요. 그분들이 신청한 이유는 조금씩 다르겠지만 밑바탕에는 '시티 리포터'를 자청하는 저 사람이 어디를 갈까 궁금해서 와주신 거니까, 제가 풀어두는 동네 이야기나 경험을 경청해 주시더라고요. 바로 곁에서 좋아하는 걸 나누는 재미가 굉장히 컸어요. 깃발만 안 들었을 뿐 서울 투어 가이드나 마찬가지였죠.

자신의 시선에서 좋은 공간이라 안내할 만한 곳들의 공통점이 있어요?
좋다는 말의 기준을 다시 방문하고 싶다는 것에 둔다면, 첫째는 변함없는 편안함이에요. 공간을 지키는 사장님이나 직원분들의 태도가 불편함을 주진 않는지 가장 먼저 고려하게 돼요. 과하게 환영해 달라는 게 아니라, 활기차든 아늑하고 차분한 분위기든 문을 열고 들어갔을 때 환영받는다는 감각을 얻는 게 중요하니까요. 시각적인 면모에선 공간에 힘을 잔뜩 줘서 너무나 매끈하고 무게감 있는 곳은 별로 좋아하지 않아요. 조금은 투박할지라도, 사장님이 무얼 좋아하는 사람인지 드러나는 곳을 자주 가고 싶어요.

'김정현'이라는 사람 한편에는 언제나 내가 사는 곳, 내가 머무는 장소를 향한 호기심이 있는 것 같았어요. 10년 넘게 일상을 보내고 있는 서울은 어떻게 생각하는지 궁금해요.
어릴 때부터 넓은 세계로 가고 싶었기 때문에 늘 동경의 대상이었어요. 대학교 진학을 위해 서울에 처음 오자마자 홍대를 비롯해 여기저기 탐구하러 다니면서 개성적인 문화에 매료되었죠. 지금은 좀… 애증인 것 같아요. 이 도시는 바쁘고 빠르고 경쟁도 치열하고 돈이 없으면 살기 힘든 곳이라 생각하거든요. 저에겐 여기 살면서 얻는 것도 많지만, 반면에 잃을 것도 많아요. 삶의 질이나 경험에서 저울질을 하며 지내야 되는 곳이죠. 예전에는 평생 서울에서 살고 싶다는 마음이었다면, 이제는 언제든지 떠날 수 있다는 생각도 해요. 되게 미워하면서도 좋아하는 도시예요, 저한테는.

어떤 공간에 머무는지가 삶에 중요한 영향을 끼친다고 생각해요?
그럼요. 사람은 결국 자신이 놓인 환경에 영향을 받을 수밖에 없는걸요. 특히나 저는 긍정적으로 말하면 수용적이지만 나쁘게 말하면 쉽게 흔들리는 성향이라, 좋은 환경에 저를 놓아두려고 노력해요. 아름다운 공간에서는 시각적인 자극을 얻고, 따뜻한 환대를 받은 곳이라면 그들의 마음가짐을 흡수하도록요. 그리고 상업 공간으로 한정한다면, 멋있는 공간에 속해 있을 때 나도 마치 그런 특성을 가진 것처럼 기분 좋은 허영심이 들어요. 과하지 않다면 어느 정도 그 허영심이 나를 앞으로 나아가도록 밀어주잖아요. 10년 넘게 서울에 살면서 얻은 모든 경험이 지금의 저를 완성했다고 생각해요. 그게 제 일과 기록으로 이어졌고요.

'나다운 취향'이라는 좁디좁은 말에 갇히지 말자고. 화려한 수식어로 설명할 수도 없고, 명쾌하게 그려 보여줄 수 없어도 상관없다. 이미 내 안에 다 남아 있다. 까짓것 원한다면 '취향'이라는 말도 집어치우자. 내 사랑과 애정이, 무어라 이름 붙여질지 일일이 계산하고 신경 써가며 살아왔다면 나는 이 책을 쓰지 못했을 것이다.

― 김정현,
《나다운 게 뭔데》(RHK) 프롤로그 중에서

정현 씨의 기록 소재를 헤아려 보면 '좋고 싫은 것'도 빠질 수 없죠. 특히 재작년에 출간한 《나다운 게 뭔데》 속 에세이 소재는 음악, 커피, 춤, 산책… 마치 한 사람의 취향 목록을 들여다보는 것 같았어요. 전하고 싶은 이야기가 있었어요?
이 책을 처음 제안받았을 때 취향을 어렵지 않게 다루는 에세이를 써보자고 하셨어요. 그러기 위해선 우리가 좋아하는 것들을 목록으로 만들어 다채롭게 펼쳐놓는 식이 탁월하지 않을까 싶었죠. 다만 그때나 지금이나 '취향'이라는 단어가 남용되지 않길 바라요. 좋아하는 것의 동의어가 취향은 아니라고 생각하거든요. 즉각적인 기호나 충동, 욕망은 방향의 의미가 담긴 단어와 맞지 않는 것 같아요. 내가 어떤 의도를 갖고 선택하는 게 아니라 사는 모양대로 자연히 쌓이는 게 취향인 거죠. 그 말은 결국 나다운 게 만들어지기까진 시간이 필수 조건이라는 의미일 테고요. 과거에 누군가 저에게 "너만의 뚜렷한 취향을 가진 것 같아서 부러워."라 말하면 나도 모르는 게 보인다는 것 같아 곤혹스러웠거든요. 이제는 알아요. 취향은 나다운 모습들이 일정 시간 동안 쌓이고 조금은 변하기도 하고,

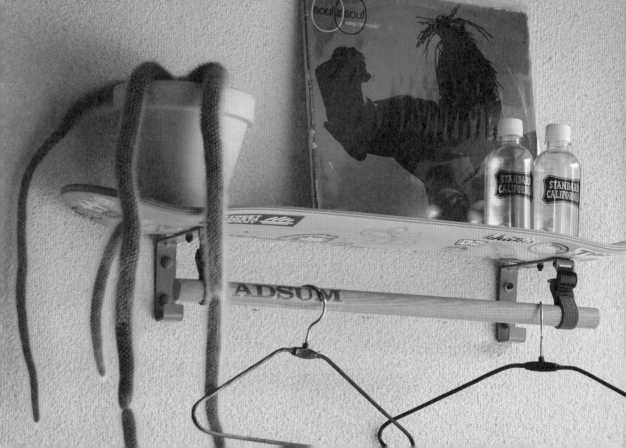

꽤 두꺼워지기도 하면서 만들어진 자연스러운 기록이라는
걸요. 가끔은 그 책에 쓰인 절 다시 보면 좀 부끄러울 때도
있는데요(웃음). 그 기록 역시 그때만의 생각이고 굉장히
생생한 마음이었으니까 서툰 모습을 이해하려 해요.

한때는 좋아하는 게 많은 걸 약점으로 여겼다고요.
내가 무언가를 진득하게 밀어붙여 본 경험이 있을까
싶었거든요. 아무리 생각해도 좋아하는 게 많아도 너무
많은데, 한 우물만 파는 게 아니니까 전문성이 부족하다는
말과 같아 보였어요. 풍성하다, 다채롭다는 말이 뜯어보면
마법의 단어인 거 아세요? 나쁘게 말하면 산만하다는
뜻을 보기 좋게 포장해 주죠. 사실은 아직도 그걸 어떻게
극복해야 할까 고민하다가도 내 성향이 이렇게 '생겨먹은'
걸 어쩌겠나 싶어요.

관심 분야가 많은데 견고한가에 대해 묻고 싶어요.
《나다운 게 뭔데》에서 "앞으로 금기어는 '내가 감히'.
어제의 나를 유쾌하게 배신하겠다."라고 적어두었잖아요.
지금도 전에 없던 내 모습을 발견하면서 깜짝 놀라곤
해요. 단순히 기호의 문제에서 보더라도, 오늘 제가
반지를 여러 개 끼고 화려한 패턴의 옷을 입고 있지만
이십 대 초중반까지만 해도 이런 모습을 전혀 예상하지
못했거든요. 몸에 액세서리를 치렁치렁 걸치는 것도 싫었고
옷도 검은색, 회색, 남색만 입었어요. 수염은 생각조차 안
했죠. 하다못해 이런 사소한 것도 바뀌는데 삶의 가치관은
어떨까요? 청소년기 때부터 내가 보고 듣던 경험이
넓어지고 만나는 사람이 달라지는데, 삶을 대하는 태도가
변하는 건 물론이고 앵글이 살짝씩 틀어지는 건 너무나
당연한 것 같아요. 모든 삶에는 미묘하게라도 변하는
지점이 있다는 걸 인정하고 그 흐름을 자연스레 지켜보면서
따라가는 게 중요하다는 생각이 들었어요. 이전과 다른
모습을 내 안에 이런 면이 있었구나, 이런 색깔도 있었구나
하면서 즐겁게 바라보는 거죠. 나아가 결국 나한테
관대해지는 건 다른 사람을 인정하는 스펙트럼이 넓어지는
것과도 같은 말이더라고요.

정현 씨 기록의 주무대는 인스타그램이에요. 피드와
스토리를 통해 자신의 작업물에 대한 리뷰, 글과 영상
조각을 꾸준히 기록하는 편인데 특별한 이유가 있어요?
크게 두 가지 방향인데요. 먼저 프리랜서로 일하다 보니까
내가 무얼 하는지 계속 보여줘야 해요. 그래야 사람들에게
각인이 되고 또 다른 일로 연결되죠. 한번은 의뢰를 주신
분께 절 어떻게 아셨냐고 물어봤는데, 제가 대학생 때
친구들이랑 작게 만든 잡지를 펀딩해서 받아 보셨다는
거예요. 예상외로 우연히 알고리즘으로 봤다는 분들도

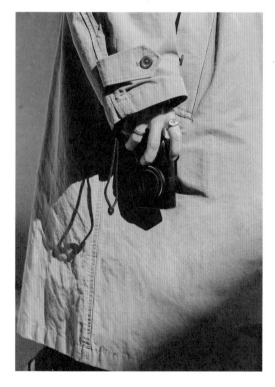

많았고요. 아무리 작은 기록이라도 꾸준히 발행한다면 누가 어디서 지켜보고 있을지 몰라요. 언제 싹을 틔울지는 알 수 없어도 끊임없이 씨앗을 뿌리는 거라 생각해요. 그리고 가장 큰 이유는… 관심받고 싶기 때문이에요. 나의 무언가를 공유함으로써 남들과 연결되거나 공감을 받는 '좋아요'와 '댓글'에 취했다고 말할게요(웃음).

아주 달콤하죠(웃음). 가끔은 기록물의 작은 부분 때문에 나라는 사람 전체가 오해받는 일도 있을 텐데요. 보는 이들의 반응이 따가울 수도 있고요.
언제나 명심하려고 노력하는 부분이 있어요. 그 세계에 올라가는 순간, 아무리 솔직하더라도 있는 그대로의 내가 존재하는 건 불가능하다는 거요. 현실의 나는 편집된 세계의 나와 달라요. 불변의 진실만을 기록하는 공간이 아니기에 작은 오해를 부르더라도 어쩔 수 없다고 받아들이게 된 것 같아요. 그 오해를 조금이라도 덜기 위해 내가 아는 나의 다양한 모습을 가감 없이 공개하려고 해요. 진지한 면도 있지만 한없이 가볍고, 트렌드를 따라가보다가도 최근 받기 시작한 심리상담 이야기처럼 굉장히 내밀한 이야기를 꺼내두면서 나의 면면을 추측할 수 있도록요. 이런저런 모습이 전부 나라는 걸 넌지시 알려둔달까요.

문득 정현 씨에게 '공유'란 어떤 의미일까 궁금해지네요.
순수한 즐거움이라 말하고 싶어요. 어릴 때부터 나한테 좋은 게 있으면 사람들한테 호들갑 떨면서 같이 보고 좋아하길 바라는 마음을 갖고 있었어요. 순전히 나누는 것만으로도 기쁨이라 느껴졌고요. 그리고 내면에는 허영심도 있지 않을까요? 음… 분명히 있을 거예요. 내가 좋은 걸 경험했다는 걸 슬쩍 비추고 싶은 마음인 거죠.

그럼 기록에는 나를 위한 마음과 타인을 위한 마음 중 무엇이 더 중심에 가까워요?
딱 잘라 말하기는 쉽지 않네요. 그저 나를 위해 써둔 기록이 사람들에게 공유되는 기록을 만드는 데 좋은 재료가 되어준 적도 있고, 남들에게 보여주려고 올린 글이 한참 뒤에 봤을 때 무척 흡족하게 느껴질 때도 있거든요. 일기를 안 쓰는 내가 인스타그램이라도 꾸준히 기록하길 잘했다는 생각도 하고요. 두 마음이 혼재하다 보니까 결국에는 목적보다 남긴다는 행위 자체가 중요하게 와닿아요.

우리는 누군가의 기록을 보면서 나의 기록에 대한 응원을 얻기도 하잖아요. 최근 기억에 남는 타인의 기록이 있다면 들려줄래요?
이 질문을 듣자마자 소개하고 싶은 기록물이 바로

떠올랐어요. 저는 인스타그램에서 피드를 둘러보다 저장해 두는 기능을 아주 잘 활용하거든요. 후루룩 내리면서 지나쳐 버리기에 아쉬운 것들을 스크랩하는 기능인데요. 그 안에서도 '컬렉션'이라고 해서 폴더를 만들어 분류할 수 있는데, 폴더 개수를 헤아려 보면 열 개가 넘어요. 제주도, 부산처럼 도시에 관련된 것도 있고 북 커버, 타투, 그래픽 디자인, 아이템, 장소, 심지어 헤어스타일과 건강 팁도 모아뒀어요.

잠시만요. 이 저장 목록이 정현 씨의 머릿속과 마찬가지인데요(웃음)?
그렇죠(웃음). 그중에서 '스토리' 컬렉션이 있어요. 누군가의 글이 좋거나 인상 깊은 에피소드를 만나면 이 폴더에 저장해 두는데, 이 안에서 가장 많은 지분을 차지한 사람은 제 여자 친구이자 동료인 김해서 작가의 피드예요. 둘이 대화를 길게 나누기도 하지만 그 사람의 기록을 보고서 나를 돌아보는 시간을 가질 때도 많아요. 어제 다시 들춰보다가 위로가 되는 말을 발견했는데요. "나라고 믿은 것은 결국 아무것도 아닌 것에 가깝지만, 아무것도 아닌 것이 된 나도 여전히 생생하다." 우리는 어떤 모습으로서의 나를 끊임없이 바라지만 충족되기가 어렵잖아요. 완벽하지 않은 것 같아도 그 자체로 충분히 괜찮다고 말해주는 것 같았어요. 나는 아직 무엇이든 될 수 있고, 그런 가능성을 가진 사람이라 생각하고 싶게 만든 문장이었죠.

앞으로는 "감탄하는 인간에서 사유하는 인간"이 되고 싶다고 했죠. 어떤 궤적을 그리는 삶을 살지 고민하고 있나 봐요.
지금껏 저를 보면 즉각적인 감정 표출이나 주변 자극에 반응하는 건 누가 시키지 않아도 잘하는 것 같아요. 쉽게 말해 금세 감동받고 울다가 웃는 스타일이거든요. 그런데 문제는 휘발 속도도 빠르다는 거예요. 떠오른 것들이 한시 잠깐 번쩍이다 사라질 게 아니라 오랫동안 진하게 남아서, 깊은 차원으로 곱씹어볼 만한 것이 된다면 좋을 텐데 전혀 그렇지 못했어요. 아마 외부의 것에 시선을 많이 쏟았기 때문 아닐까 싶은데, 이제는 내 안의 목소리에 귀 기울이면서 충분히 사유하고 성찰하는 삶을 살고 싶어요. 경험들이 흩어지지 않고 차곡차곡 더 잘 쌓일 수 있게끔요.

그 답을 찾아가다 보면 또 다른 정현 씨의 모습을 마주하겠네요.
그러기 위해서 기록은 필수예요. 지금 내 안에서 어떤 감정과 생각이 맴돌고 있고, 저 깊은 곳에서 무슨 목소리가 들리는지 받아 적으면서 정리해야 소화할 수 있을

테니까요. 기록하지 않으면 어렴풋한 감각으로만 끝나버릴 거예요. 마주한 무언가가 내가 원래 갖고 있던 생각을 어떻게 바꿀 기회를 주었는지까지 돌아봐야 그만큼 더 깊어질 수 있겠죠.

마지막 질문이에요. 기록은 과거를 현재에 남기는 일인데 이번에는 미래를 써본다고 가정하고 싶어요. 10년 후의 정현 씨는 어떤 기록을 남길까요?
사실 미리 보내주신 질문들을 살펴볼 때 이것만 답하기 어려웠어요(웃음). 미래를 상상하는 것은 물론이고 앞으로도 예측하는 대로 삶이 쓰이지 않을 거라 생각하거든요. 그래도 어림잡아 본다면, 여전히 사람들에게 공유하기 위한 기록을 하고 있을 것 같아요. 그 시대의 새로운 SNS에서 할 수도 있고, 더 공들여서 책이나 특정한 결과물로 세상에 내놓을지도 모르죠. 나이가 들어도 관심을 받고 싶은 마음이나 인정 욕구는 여전할 테니까요.

그때의 기록도 기대할게요. 이제 연희동을 좀 걸어볼까요? 산책하지 않을 수 없는 햇살이네요.
좋아요. 제가 자주 걷는 골목길을 알려드릴게요.

사실 나는 연희동이라 한다면 수백 번도 오갔다. 때로는 목적지를 향해 분주하게, 때로는 정처 없이 시간을 때우며 걷기도 했다. 그런데 정현 씨와 함께 걸으며 본 동네는 생경한 얼굴이 있다. 룩백커피를 시작으로 발을 씻을 수 있는 양말 가게와 담장에 물뿌리개를 올려둔 집, 날 좋을 때 벤치에 앉아 커피 마시기 좋은 카페와 천장이 낮아 들어갈 때마다 머리를 부딪힌다는 편집숍까지. 낯선 장소가 그의 이야기를 따라가면 금세 익숙한 모양새가 된다. 춥다던 일기예보의 말은 기우가 된 채로 다 함께 한참을 걸었다.

화가 김참새의 마음에는 어린아이가 산다. 네모난 프레임을 꽉 채울 정도로
가까이에 서 있는데 시선은 절대 마주치지 않는다. 파마머리에 줄무늬
파자마를 입은 모습이 마냥 귀엽다가도, 줄줄 흐르는 눈물이나 손에 쥔 총을
번쩍 든 걸 보면 어쩐지 마음 한편이 아리다. 어른이 되어도, 어른이 되지
못한 한 사람의 내면을 옮겨둔 그림은 다른 누구도 아닌 스스로를 돌아보며
시작되었다고. 그의 성실하고 꾸준한 기록을 통해 엉망진창 되어버린
나날에서 위안을, 창피하게만 느껴지던 본심의 새로운 얼굴을 발견한다.

우리는 어른이 아닌 걸요

김참새—화가

에디터 이명주
포토그래퍼 강현욱

햇살이 좋은 오후예요. 만나게 되어 반가워요.
그림 그리는 김참새입니다. 오늘 날이 좋네요. 따뜻한 차
한 잔씩 드릴까요? (티백 세 개를 내민다.) 이 중에서 원하는
걸 골라보세요. 그런데 독일어라서….

그럼 그림으로 골라볼게요. 가운데 걸로 주세요!
좋아요. (몸통이 얇고 긴 컵을 내려두며) 뜨거우니까
조심하세요.

음, 캐모마일이랑 비슷한데요? 따끈하고 맛있네요. 저는
공간에 들어서자마자 보이는 걸로 이야기의 물꼬를 트는
편인데요. 창문 너머로 가까이에 산이 보여요.
저게 북한산이에요. 이맘때는 근처에 금선사라고, 북한산
국립공원 안에 있는 절로 산책 가는 걸 좋아해요. 걸어서
15분 정도로 가까운데 한적하고 등산하지 않아도 도착할
수 있거든요(웃음). 도착하자마자 눈앞에 푸르른 산속이
펼쳐져요. 대웅전에서 고요함을 즐기기도 좋아요. 여기
구기동엔 2014년에 작업실을 구하러 와서 지금까지 있는
거니까, 꽤 오래 머물렀어요. 처음에는 여기 반대편에
자리한 작업실을 먼저 둘러봤는데 창밖이 주차장이라
마음에 들지 않았어요. 이곳은 눈앞에 산이 시원하게
늘어진 걸 보고 바로 선택했고요.

곳곳에 그림 작업물이 있어요. 책장과 선반에는 책이
가득하고요.
같은 건물에 페인팅을 위한 작업실이 하나 더 있거든요.
그림 작업에 쓰는 도구나 재료가 워낙 크고 물감으로 쉽게
어질러지다 보니까, 페인팅을 하는 공간에서는 그림을
또렷이 보기 어렵더라고요. 제 작품을 구매하는 분들은
깨끗한 공간에 걸어 둘 텐데요. 그래서 거기서 완성한 걸
한 번씩 가져다가 여기에 둬요. 괜찮은지, 눈에 거슬리는
게 없는지 일상에서 살펴보는 거죠. 가로로 긴 책장
위에는 선물 받은 것들을 올려 두었고 그 아랜 잡지, 소설,
에세이처럼 장르 구분 없이 책을 뒀어요. 독서가 작업에
좋은 영향을 준다고 생각해서 꾸준히 찾게 되더라고요.
작업이 잘 안될 때도 꺼내 읽고, 해가 좋을 때는 한 권 들고
바깥으로 나가기도 해요. 얼마 전엔 책 더미에서 한강
작가님 소설도 찾았어요. 다시 읽어보려고요.

지금 테이블로 쓰는 이건 뭐예요? 고가구 같은데 뭐라고
부르는지 모르겠어요.
아, '돈궤'라고 해요. 옛날에는 은행이 없으니까 양반들이
엽전이나 쌀 같은 귀중품을 여기다 넣어서 보관했대요.
보통 돈궤에는 다리가 없는데, 경남 거창에서 만든 건 네
다리가 달린 게 특징이라 하더라고요. 고미술 시장에서

조선 시대나 신라 시대 물건들을 곧잘 둘러보곤 해요.
모던한 느낌의 작업실이라 포인트가 되어줄 가구를
고르기도 하고요.

무엇에 마음과 시간을 쏟는지 보이는 작업실이네요. 올
여름에는 그림과 에세이로 참여한 《패션 만드는 사람》이
나왔죠. 거기서 새벽 수영을 즐긴다는 기록을 봤는데,
여전한가요?
그럼요. 다만 새벽이 아니라 아침 수업으로 바꿨어요.
수영을 더 잘하고 싶어서 웨이트를 시작했거든요. 수영은
체력도 중요하지만, 물에서 나아가는 힘을 받으려면 근력도
중요하대요. 새벽 수영의 상쾌함을 놓치고 싶지 않아서
두 가지 운동과 작업 시간을 이리저리 바꿔가며 루틴을
만들어 봤지만, 결론은 작업실 출근 후 잠시 업무를 보다가
수영장에 가고 작업을 마친 저녁에 웨이트를 하러 가는 게
최선이더라고요. 지금은 그 패턴에 많이 익숙해졌어요.
요즘은 자유형으로 달리다가 앞 구르기로 돌아 나오는
'플립턴Flip Turn'을 배우고 있어요. 처음에는 플립턴을
두 번만 해도 토할 것처럼 멀미가 났거든요. 달팽이관이
그렇게 약하면 연습 못 한다면서 코치님이 포기하라고 하실
정도로요. 그런데 그 기술이 멋있어서 절대 포기 못 한다고
대답했어요. 얼굴이 파랗게 되더라도 꼭 해내고 싶다고.

대단해요. 계속 시도하는 것뿐 아니라 좋아하는 걸
진심으로 대하는 모습이요.
사실 수영을 하게 된 데는 두 가지 이유가 있는데, 한때
허리가 너무 아팠는데 병원을 가도 이유가 없다고 하는
거예요. 겉으로 보이지 않는다면 내 안의 문제일지도
모른다는 생각으로 운동을 해봐야겠다 싶었죠. 그리고
그즈음 휴식하러 제주도에 갔어요. 바다에서 물놀이를
하거나 겁 없이 뛰어들어 헤엄치는 사람들을 보니까 왠지
모르게 부럽더라고요. '만약 내가 배를 타다가 갑자기
떨어져도 수영은 해야 하지 않겠어?'라면서 서울로
돌아오자마자 등록했어요(웃음). 누가 뭐라 한들 물속에
있으면 들리지 않고, 온전히 나한테만 집중하면서 자유롭게
헤엄치는 게 행복해요. 워낙 운동 신경이 없다 보니까
잘하려면 아직 멀었지만요. 차근차근 깨우쳐 보려고요.

응원을 보낼게요. 꾸준히 남겨온 기록물인 그림에 관해
이야기하고 싶은데요. 그 전에, 참새 씨는 그림이 자신을
기록하는 도구라고 생각하나요?
음… 맞아요. 저의 매일이 기록되고 있고, 그 기록은 곧
저를 말하니까요. 얼마 전에 큐레이터님이랑 나눈 이야기가
떠오르는데, 나이가 들수록 그림이 바뀌어 가고 있다는 걸
느껴요. 색을 쓰는 것도, 흘러나오는 표현도 전보다 시간이

쌓인 게 보인달까요. 나의 변화를 기록에서 마주하는 게
저한테는 꽤 재미있는 일이에요. 시간이 흐를수록 작업에서
보이는 생각의 깊이가 더 깊어져야 하는데, 그게 정말
어렵거든요. 멈추지 않고 한 삽, 한 삽 푸면서 여기까지
왔다는 걸 이제야 새삼 깨닫고 있어요.

**그렇다면 첫 삽을 푼 순간이 궁금해요. 어릴 때부터
화가가 되고 싶었어요?**
화가라는 꿈을 가진 게 언제라고 또렷이 짚을 수는 없지만,
늘 그림을 그리고 좋아했던 아이였어요. 엄마가 저를
유치원 대신 미술 학원에 보내려고 했지만 나이가 너무
어리다면서 받아주지 않았대요. 적어도 일곱 살은 되어야
한다면서요. 그런데 그때 상담한 선생님이 저를 인상

부부가 운영하던 아주 작은 화실이었는데, 감자를 얼굴
모양으로 조각하고 그게 시간이 흐를수록 늙어가는
모습을 관찰했어요. 아님 배추 단면을 갈라서 두면 꽃이
피는데 그걸 따라 그리거나···. 저를 지켜보던 두 선생님의
제안으로 유학을 고민하기 시작 했죠.

**기계적으로 그리던 그때 그림을 '김참새의 기록'이라
부르고 싶어요?**
예전에 물어봤다면 아니라고 답했을 거예요. 한국에서는
그 기술을 연마하느라, 프랑스에서는 그 기술을 버리느라
참 힘들었거든요. 요즘은 그때 쌓은 기록도 제 거라는
생각을 해요. 그때가 없었다면 지금의 그림이 나오지
않았을지도 모르잖아요.

깊게 보셨는지, 자신의 아버지가 화가인데 작업하는 동안
옆에서 놀아도 좋다고 하신 거예요. 큰 안개꽃을 그리는
할아버지 옆에서 저도 안개꽃 따라 그리고, 지점토를
사 오라고 하는 날엔 챙겨 가서 같이 반죽하며 놀던 기억이
나요. 자연스레 나는 언제나 그림을 그리는 사람이라
생각했죠.

하지만 한때는 그만두고 싶었던 적이 있다고 들었어요.
미술을 향한 애정을 오랫동안 품었는데 입시 미술을
하면서 잃어버렸어요. 기계적으로 기술을 터득하는 데만
집중하다 보니 이런다고 내가 과연 고흐나 피카소가 될
수 있는지(웃음), 의문이 들었고요. 대학 입학을 준비할
때도 똑같이 스트레스를 받아서 결국 입시 학원 대신
동네 화실에 갔어요. 동양화와 철학을 전공한 선생님

**프랑스 낭시에서 지낸 이야기를 들려주세요.
국립고등미술학교에서 파인아트를 전공했죠.**
그 전에 리옹에서 어학원부터 다녔어요. 프랑스는 외국인
전형이 없거든요. 어느 나라에서 왔건 프랑스어로 철학
시험을 봐야 하고 실기 시험, 면접, 한국의 수능 시험, 어학
점수 기준까지 맞춰야 국립대 시험을 응시할 수 있죠.
입학이 아니라 응시를요. 6개월 동안 어학과 미술에만
매달렸는데, 다행히 운 좋게 한 번에 입학했어요. 프랑스
북쪽에 있는 낭시는 미술사에 방점을 찍은 '아르누보Art
Nouveau' 역사의 탄생지인데 어딜 걷든 그 양식을 만날 수
있어요. 춥고 일조량이 적어 우울하게 느껴질 때도 있지만
그 아름다운 첫인상을 잊을 수가 없네요.

완전히 낯선 곳에서 다시 시작한 학교생활은 어땠어요?

녹록지 않았죠(웃음). 1학년 때는 높은 성적을 받았어요. 붙어도 곧잘 했고 어디에서나 열심히 하고 잘하는 편에 속했다고 생각했는데, 하루는 교수님이 절 부르더라고요. 한국에서 배운 '기술'로 그림을 잘 그리는 건 알겠지만, 너만의 색을 찾지 못한다면 더 이상 패스를 받는 건 어렵다고요. 그 학교는 백 명의 학생이 입학해도 학년이 오를수록 기준에 맞지 않는 친구들을 자르면서 결국엔 스무 명 정도만 졸업할 수 있거든요. 어느 날엔 명단에 제 이름이 빠져 있는 거예요. 정말 충격이었죠. '잘하니까 날 뽑은 거 아닌가? 내 색깔이 뭔데?' 계속 되뇌었어요.

문제인지도 몰랐던 상황에서 답을 찾아야 하니 여간 답답한 게 아니었겠어요.
마치 모든 게 무너지는 것 같았죠. 그 이야기를 듣고 멍하니 앉아 있는데, 저를 별로 안 좋아하던 교수님 한 분이 다가오시더니 무슨 일인지 물어보는 거예요. 설명을 듣자마자 제 손을 잡고 사무실로 가셔서, 평가에 착오가 있는 것 같다며 저를 자르면 자신도 그만둘 거라며 항의하셨어요. 대신 저한테는 약속 하나 하자면서, 남은 학기가 인정되든 말든 출석은 하되 내년의 작업을 위해 방향을 찾는 시간을 가지라고 하셨죠. 간신히 다시 학교를 다니게 됐지만, 빈 종이 앞에 앉아도 무얼 그릴 수가 없더라고요. 오른손으로 연필을 잡으면 주입식 미술 기술이 무섭게 재현되니까 가만히 바라보는 것 말고는 뭘 할 수가 없는 거예요.

《패션 만드는 사람》에서 자신의 "오래된 베스트 프렌드"라고도 소개한 '백지 공포증'이군요.
그 상태로 10개월을 보내다가 하루는 춥고 비가 잦은 낭시에 해가 떴어요. 그러면 해를 그리워하던 온 동네 사람들이 나와서 햇볕을 쬐거나 누워 있거든요. 학교 앞에 있는 큰 공원에서 그 모습을 바라보며 드로잉을 하는데, 문득 왼손으로 그려보자는 생각이 스쳤어요. 그때 제가 이십 대 후반이었으니까 만약 여든 살까지 그림을 그리는 할머니가 된다면, 지금부터라도 남은 평생을 왼손으로 그려도 늦은 것 같진 않더라고요. 물론 잘 안됐어요. 손은 자꾸 떨리고 선은 삐뚤빼뚤하게 그려지고, 사람을 그리면 눈 크기는 제멋대로에 귀는 이상한 데 붙어 있었죠. 근데 그 과정이 재밌었어요. 왼손 그림으로 노트 한 권을 채워서 교수님께 보여드리니까 "그래, 이거야!" 하셨어요. 이렇게 하는 거라고(웃음).

흔히 '안 하던 짓' 한다고들 하잖아요. 끊임없는 시도 끝에 나만의 것을 찾게 됐네요.
안 하던 짓, 그 말이 딱 맞아요. 저는 그림이 잘 안 그려지는

날에도 도중에 멈추지 않아요. 그냥 망치더라도 완성해 버려요. 어떤 그림은 다음 날엔 괜찮게 보일 때도 있거든요. 일단은 끝까지 해보는 거예요.

고비가 여러 번 왔는데도 그림을 멈추지 않은 이유가 무엇이라 생각해요?
지금도 잘 모르겠어요. 그런데 저는 그림을 짝사랑하는 것 같거든요. 왜 그런 거 있잖아요. 되게 좋아하는 사람이 있는데 저 사람은 날 안 좋아하고, 그걸 알면서도 예쁨 받고 싶어서 온 힘을 다하다 보면 어느 날은 좀 알아주는 것 같다가 다음 날이면 새까맣게 모른 척해서 좌절하게 만드는 거요. 그림도 저한테 그런 존재예요. 어느 날은 잘 그려져서 무척 행복하다가도 다른 날엔 미친 듯이 안 그려지거든요.

'Don't hurt me' (Acrylic on wood)

'B-12' (Oil on wood)

여전히 좋아해서 아직도 어려운 게 그림이에요.

'김참새'의 그림이라 하면 캔버스를 꽉 채운 아이가 떠올라요. 정면은 보지 않고 때로는 총을 겨누거나 눈물을 흘리고 있고요.
그 친구는 어른이 되지 못한 어른 안에 있는 아이예요. 주로 소녀인 이유는 제가 여자이기 때문이고, 만약 남자였다면 소년으로 그렸을 것 같아요. 세상이 보기에 저는 어엿한 어른의 나이지만 실은 아니거든요. 명주 씨는 자신을 어른이라 생각하세요?

음, 아직 아닌 것 같아요(웃음).
그렇죠? 나이가 늘었다고 해서 모든 것에 통달하거나 세상 이치를 잘 아는 게 아니잖아요. 고지서를 볼 때

보통 부정적인 감정을 색으로 검정이나 회색에 비유하곤 하지만요. 저는 불안한 감정들을 빨강과 노랑 같은 원색으로 보여주면서 컬러만큼은 직설적으로 화려하게 표현해요. 겉으로는 알록달록한 색깔이 눈에 띄어도 내면에는 또 다른 이중적인 면모가 있는 거죠. 마치 가면을 쓴 것처럼요. 색감을 선택하는 별다른 기준은 없지만 불안함이나 우울함을 떠올릴 땐 강렬한 원색이 따라와요.

그림을 가까이서 보니까 거칠거칠한 질감이 더욱 강하게 느껴지는데요. 유화를 사용한 거예요?
목판에 유화를 쓰거나 종이죽을 사용한 시리즈도 있어요. 종이죽 작업의 경우, 좋은 한지를 물에 적셔 죽을 만든 후 목판 위에 한 겹씩 쌓아가며 잘 말려야 해요. 그렇지 않으면 휘어서 판 전체가 뒤틀리거나 갈라져

어른인 척하면서 세무서랑 이야기하지만 속으로는 무슨 말을 하는지 모를 때도 많고, 사람과의 관계에서 늘 어렵고 우당탕 구르고…. 시간이 흐른다고 완벽한 존재가 되기보단 죽음을 맞이할 때까지 미성숙한 채로 사는 것 같아요. 그리고 내면에 자리한 어리숙한 존재가 정면을 보지 않는 이유는 불안한 세상을 살고 있기 때문이에요. 전쟁뿐 아니라 뉴스를 틀면 쏟아지는 어지러운 소식들, 여자 혼자 살기 어려운 환경처럼 불안함 속에 헤매면서 언제쯤 편안하고 안정적인 날들이 올까 곱씹어 보는 의미가 담긴 거죠.

불안하거나 우울한 상태를 다루면서도 그림이 무겁게 느껴지지 않는 건 컬러풀한 색감 덕분이라 생각했어요.

버리거든요. 최근에 베를린 전시에 보낸 얼굴 작품만 해도 열 번 넘게 칠했을 정도니까, 여러 색을 입혀서 쌓는 과정이 한두 달 넘게 걸리는 것 같아요. 그 과정을 통해 한 사람의 삶에는 여러 감정이 쌓여 있고 수없이 많은 역량이 차곡차곡 모여 있다는 걸 보여주고 싶었어요.

매끈한 것보다 거친 느낌이 불안함이란 감정을 투박하게 잘 드러낸다는 생각이 들더라고요. 기록한 사람으로서, 방금처럼 보는 사람의 해석을 듣는 일은 어때요? 참새 씨의 기록은 예술이라는 이름 아래, 만들어지자마자 대중에게 공개되고 해석되잖아요.
각자에게 이 그림들이 어떻게 닿았는지 듣는 걸 좋아해요. 재미있거든요. 싫으면 싫은 거고 좋으면 어떤 부분이

좋았는지 듣고 싶어요(웃음). 우리 같은 창작자들은 오롯이 혼자만의 작업을 하는데 작품에 관해 이야기를 나눠줄 사람들을 그때 아니면 언제 만나겠어요. 예전에는 각자의 해석이 맞다고 생각했기 때문에 그림에 담긴 의도를 큐레이터에게도 전부 말하지 않았어요. 시간이 흐를수록 보는 이의 의견을 존중하되 내 의도를 분명히 전해야 오해가 없다는 걸 깨달아서 좀더 많은 이야기를 풀어보려 하죠. 가끔은 설명하지 않아도, 나만 아는 이야기를 알아차려 주는 분들을 만날 때가 있는데요. 무척 행운 같은 경험이라 생각해요. 저에게는 이 그림이 일기잖아요. 누군가의 사소한 기록일 수도 있는 작업을 깊은 시선으로 들여다봐 주셔서 감사하더라고요.

문득 모두에게 보이는 캔버스 위의 기록이 아니라 사적인 기록이 궁금해지네요. 매일 그림을 그리는 노트가 있다고 하던데요.
맞아요. 거창한 건 아니고 매일 한 점씩 그려보는, 하다못해 메모라도 남겨두는 노트가 있어요. 프랑스에서 수업 들을 때부터 교수님께서 강조하시던 거니까 꽤 오랫동안 지닌 습관인데요. 그림 그리는 근육이 녹슬지 않도록 아이디어 노트를 가지고 다니면서 일상의 장면에서 얻는 영감들을 기록하는 거예요. 그리고 언젠가 펼쳐봤을 때 그 안에 있는 게 씨앗이 되어서 작업물이 탄생하는 경우도 많거든요. 저만의 스승님이 그 노트예요. 그 안에 담긴 게 결국 김참새고요. 한 번에 노트를 열 권씩 사두고 채울 때도 있는데 쓰면 쓸수록 뚱뚱해지는 게 좋아요.

결국 내가 나의 길을 안내하는 셈이네요. 참새 씨의 인스타그램 계정에는 이런 말이 있더라고요. "그림 그리지 않을 땐 카메라를 만지작거리고 있어서." 사진도 좋아해요?
자주 찍는 건 아니지만 사진으로 순간을 기록하곤 해요. 아빠가 카메라를 좋아하셔서 어릴 때부터 집에 사진 도구도 많고 놀러 갈 때마다 모델도 해줬거든요. 여기 보라고 하면 처음엔 잘 찍혀주다가 나중에는 귀찮아지니까 막 짜증 내고(웃음). 그때 영향을 받은 게 아닐까 해요. 사진뿐 아니라 글처럼 다른 기록 도구들을 만지작거리는 게 재미있는데, 사실 그 밑바탕에는 그림을 잘 그리는 데 도움이 되길 바라는 마음이 있어요. 새로운 경험은 저를 흥미롭게 만들고 그게 그림으로 자연히 드러날 테니까요.

그림과 사진, 글쓰기까지 다양한 기록을 통해 보여주고 싶은 모습이 있다면요?
그냥 어떤 기록이든 나로 존재하고 싶어요. 한 사람과 그의 손에서 나온 것들의 온도가 같아야 한다고 생각해요.

꾸밈없이 기록해야 그 시절의 나를 알 수 있잖아요. 제가 예순이나 여든이 되었을 때 지금의 그림을 보고서 사십 대인 나는 얼마나 철부지였는지, 어떤 실수를 반복하던 사람이었는지 창피해하거나 일부러 숨기지 않고 알아보길 바라요. 이렇게 엉망진창, 우당탕 살아가는 사람도 있다는 걸 보여주고 싶어요.

앞으로는 또 어떤 모습의 나를 써 내려갈지 기대되네요.
아, 그러고 보니 새로운 기록이 하나 더 있는데요. 얼마 전, 제 목소리를 담은 음원이 나왔어요. 고범준 씨와 함께한 'Pluto Girl'이라는 곡에서 노래를 했거든요. 제 태몽 이야기를 가사로 담은 거라 소개하고 싶었어요.

참새 씨의 이야기와 목소리가 담겼다니 꼭 들어볼게요.
감사해요(웃음).

위태로운 시절을 말하면서도 얼굴에는 미소를 잃지 않는 사람, 캔버스에 덧칠하는 불안과 우울함을 창피해하지 않는 사람. 아마도 깊고 단단한 뿌리를 가졌을 그의 마음을 연신 뒤적거리니, 김참새는 오래된 기록을 흔쾌히 꺼내어 오늘의 대화에 풀어두었다. 나로서 존재하기 위해 기록을 멈추지 않았던 이야기를 떠올리며 'Pluto Girl'을 들었다. 그를 담았다는 가사도 되뇌여 보며. '우리의 기억 속 나는야 멀어진 별, 우리의 기억 속 나는야 외로운 별'

같은 자리에 앉아 쓴 편지

《낯선 일상이 보낸 편지》

글 이명주   자료 제공 단춤, 하호하호

하호하호 @hahohaho00

그림을 그리고 책을 듣다. 《밤에 방에서》, 《강강술래》, 《자각》, 《Dusty Vases》, 《MOMO TWINS》 외 다수의 책을 만들었다.

단춤 @danchoom

만화가이자 인형제작자. 계절이 흐르며 만난 마음과 대화를 엮어 이야기를 만들어간다. 당신의 곁에서 용기와 위로가 되길 바란다.

받는 이가 보이지 않는 자리에서 홀로 빈 종이를 마주하며. 보통의 편지는 그렇게 쓰인다. 그러나 단춤과 하호하호가 주고받은 기록은 사뭇 다르다. 2024년 5월 7일 밤부터 23일 아침까지, 독일 라이프치히Leipzig에서 함께 시간을 보내던 두 친구는 편지를 쓰기로 한다. 쏙 빼닮은 모양의 일과를 보냈어도, 같은 방에서 잠을 청하더라도 편지는 부지런히 쓰였다. 다정한 안부 인사와 보내는 이의 이름을 적는 것도 잊지 않았다. 함께 시간을 쓰는 것, 전하고 싶은 이야기를 글로 적어내는 것이 마음을 나누어 쓰는 일이라는 걸 다시금 깨우쳤다. 두 친구가 같은 자리에 앉아 쓴 편지를 추억이 담긴 선연한 기록이라 부르며 조금 옮겨 적어본다.

아직 한국에서
하루를 보내고 있을 당신에게.

너보다 먼저 이곳에 짐을 풀고 생활한 지도 시간이 꽤 흘렀네.
그동안 나는 오랜만에 느끼는 외국인의 시선으로 하루를 살고
있어. 어딜 봐도 익숙하지 않은 새로운 것들이라 눈을 어디에
둬야 할지 모르겠어. 그들이 사용하는 언어를 앵무새처럼
따라 해보기도 하고 이해하지 못하는 빠른 속도의 대화들을
기다렸다가 마지막 인사만큼은 힘차게 외치고 나와. (안녕
인사가 "챠오, 츄스!"인 것 알고 있지? 어감이 좋게 들려.) 그럼 괜히
기분이 좋아져서 씩씩하게 거리로 나가지. 작은 용기를 쌓아가는
하루들을 보내고 있어. 짧은 대화이더라도 입을 떼는 게 쉬운
일은 아니기에 긴장하며 대화를 시작하게 돼.
이런 노력과는 별개로 이곳은 새롭고 두려운 것들이 참
많아. 그러는 사이 내 어깨는 점점 좁아지는 것처럼 느껴져.
한국에서부터 짊어지고 온 피로들이 긴장과 부딪히며 많이
지친 듯해. 덕분에 느리게 행동하고 생각하며 지내고 있어. 나의
이런 태도들은 이곳과 많이 닮아 있어. 사람들은 무척 여유로워
보이고 높은 건물이 없어서 하늘이 한눈에 가득 담겨 눈이 쉬어갈
시간이 많아. 너와 지내게 될 시간 사이사이에도 이런 날들이
가득하겠지? 평화로운 일상들을 기대하며 너를 기다린다.

단춤으로부터.

단춤

"우리의 편지는 여기서부터
시작되었습니다. 독일에서 유학
중인 친구를 만나기 위해 계획을
세우던 중 하호하호의 독일 여행
계획을 알게 되었어요. 함께
여행하고, 자연스레 그 기억들을
모아 책으로 만들기로 했죠.
2주 남짓 머물던 라이프치히는
도시 곳곳의 공터가 모두 공원인
곳이라 소개하고 싶어요. 공원을
빼곡히 둘러 자란 나무들 아래에서
시간을 보내는 사람들과 산책하는
강아지들, 각자만의 시간을
집중해서 보내는 그 모습들이
자연스러웠습니다."

하호하호

"먼저 도착한 단춤이 타지에서만
느낄 수 있는 즐거움을 충분히
만끽하길 바랐어요. 때문에
한국에선 연락하지 않고, 대신
직접 만나면 하고 싶은 말들을
곱씹으며 기다렸습니다. 낯선
타지의 기차역에 도착하니
단춤을 비롯하여 친구들이 마중
나와주었어요. 낯설고 어색하던
곳이 순식간에 우리가 함께하는,
반가운 장소가 되는 경험을
했습니다. 긴장으로 경직된
얼굴이 단숨에 풀리는 게 느껴질
정도로요."

여긴 어딜 보아도 아름드리나무가 잔뜩이야. 거대하고 각자
다르게 생긴 나무들을 보면서 우린 신기해서 계속 사진을
찍었잖아. 그런데 어느 순간 나는 그렇게 큰 나무를 작은
핸드폰에 담는 것이 무슨 의미가 있을까 하는 생각이 들었어.
그리고 그다음부터는 사진 찍는 것보다 실제 내 눈앞에 있는
나무를 좀더 관찰하려고 노력하고 있어. 그 나무들과 나의 물리적
크기 차이라든가, 잎의 모양이라든가, 가지를 뻗는 방식이라든가.
우리는 여기의 단순하고 규칙적인 일상에 점점 익숙해지고 있는
것 같아. 비일상이 일상이 되는 건 마법 같은 순간인 것 같아.
여긴 해가 참 길어서 아침 일찍 눈이 떠지고, 저녁이 되어도
늦은 시간인 줄 모르다가 순식간에 졸려져서 일찍 잠들게 돼.
아, 그리고 매일 재밌는 일들이 벌어지는 것도 신기해. 요 며칠
이곳저곳 놀러 다녔던 바쁜 일정도 좋지만, 오늘처럼 빨래도
돌리고, 무엇을 먹을지 한참을 고민하고, 테라스에 앉아 있으면
금방 몸이 뜨끈해지는 것도 좋아. 나는 매일 내일이 왔으면 하는
마음과, 지나가는 매일이 아쉬워 오늘이 천천히 갔으면 하는
마음이 같이 들어. 나는 매일이 즐거운데, 너도 그럴지 궁금해.

하호하호
"함께 머무른 지 6일째 되는 날,
단춤에게 보낸 편지입니다.
그곳에서는 친구네 강아지 덕분에
하루에도 적게는 한두 번, 많게는
서너 번 산책을 나갔습니다. 주로
공원에 갔지요. 모두가 좋아하는
카페에 가기도 하고, 마트에 가기도
하고, 호수에도 갔어요. 그곳엔
오래된 나무들이 많았고, 마침
봄이어서 더욱 푸릇한 풍경을 즐길
수 있었습니다. 발걸음을 맞춰 걷던
날들이 만들어준 기꺼운 일상에서
오는 기쁨, 그리고 그 기쁨이
촘촘히 쌓여 즐거웠던 초록의
봄으로 기억됩니다."

**산들 바람이 부는 나른한 오후에
너의 친구 하호하호가.**

하호하호
"익숙한 곳에서 각자의 일상을
살아가는 친구에게 편지를 쓰는
것과 낯선 곳에서 같은 일상을
보내는 친구에게 편지를 쓰는
것은 생각보다 많이 달랐습니다.
그래서 더 궁금했어요. 여기서
어떤 감정으로, 어떤 생각을 하며
보내는지. 나는 이런데, 너는
어떤지 편지로 묻고 답했습니다.
함께 시간을 보내도 말로 하지 못한
이야기들이 편지로 쓰였어요."

단춤
"한국에서부터 안고 온 위태로운
마음을 쉽게 내려두지 못했어요.
생경한 풍경을 만나며 더
불안해졌던 것 같아요. 평소였다면
그리 크게 반응하지 않았을
상황들도 커다랗게 느껴지니,
식사를 준비해 먹고 산책하고
여유 시간을 보내는 일상적인
하루만 바라게 되었습니다. 그래서
하호하호와 함께 한국에서 보내던
하루를 그대로 읊어갔어요.
친구들과 부엌 책상에 모여
눈물 나게 웃던 나날과 그 대화들은
평범하지만 비범한 시간으로
마음속에 남아 있습니다. 함께
일상을 보내는 것, 그것이 모두
다정으로 느껴졌어요."

이곳에서의 생활도 일주일 조금 넘었어. 시차 때문인지 눈은 번쩍
떠지지만 몸을 일으켜 세우기 전까지 아주 느릿느릿 이불 속에서
뒹굴다가 부엌에 있는 테이블로 모이며 우리의 하루는 시작이
돼. 난 이 시작이 참 좋아. 잠은 잘 잤는지 그런 안부를 묻다가
아침을 만들어 먹고 커피를 내려 컵을 쥔 채 테라스에서 햇볕을
쬐고 작업을 하고 느긋하게 산책을 나서는 그런 일상은 한국에서
보내는 일상과는 또 다른 모습이야. 그래서 더 틈틈이 이곳의
사랑을 눈에 남겨두려 하고 있어. 분명 먼 혹은 가까운 미래에
이 순간들을 부러워할 내가 그려져서 꼼꼼하게 행복을 수집하게
돼. 다음 그리고 다음, 이 순간을 다시 마주칠 수 있다는 사실에
기뻐하며 감히 미래를 점쳐보기도 해.

**이 순간을 좀더 오래 누리고 싶은
단춤으로부터.**

올겨울만 해도 난 다정을 잃은 사람이라며 스스로 자책하기
바빴는데 그저 감정을 마주 보는 용기가 필요했던 것 같아.
이곳에 와서 난 참 많은 다짐을 하고 사과를 하고 고맙다는
말을 했어. 실수를 마주하고 바라보는 것은 괴롭지만 나
자신을 응원하고 따스하게 이해하며 그렇게 하루를 살아갈
수 있길 바라고 있어. 이곳에서의 일상이 나를 이만큼 편하게
만들어주는데, 자연이 가득한 곳이라 그런 것 같진 않아.
함께하며 쌓아가는 순간들 덕에 감사한 하루를 보내게 돼.
고마워 정말.
이곳에서의 일상도 얼마 남지 않았어. 벌써 아쉬운 기분이 드는
건 당연한 일이겠지. 이르게 잠드는 네가 밤을 새자고 하는데
이미 눈이 반쯤 감겨 있어. 너의 다짐에 웃어버려 미안해.
그렇지만 넌 정말 졸려 보였단다. 너의 남은 날들도 일상처럼
흘러가길, 꿈결 같은 날들을 보내길 바라고 있어.
잘 자, 좋은 꿈 꿔.

이미 잠들어 버린 너에게
단춤으로부터.

단춤

"많은 날이 남아 있다는 안도감에
신나서 쓰던 것과 달리 출국이 며칠
남지 않은 날엔 편지를 쓰면서 무척
아쉬웠어요. 한국으로 돌아와서도
만날 수 있지만 이곳에서의 시간은
마지막일 테니까요. 그날 밤을
붙잡고 싶었던 마음, 아직 출발하지
않은 열차의 시간이 멈추길 바라는
마음, 우리가 함께한 순간을
오래오래 간직하고 싶은 마음이
담겨 있습니다. 보통의 편지는
받는 사람이 멀리 있거나 오랜만의
안부를 물을 때 보내곤 하잖아요.
반면 같은 여행길을 나선 친구는
붙어 있는 시간이 길다 보니 어떤
내용을 편지에 담을까 고민이
많았어요. 결국 스스로 정의 내리지
못한 나의 감정에 대한 이야기를
꺼내기로 했죠. 그 시작과 과정
그리고 끝맺음을 편지에 담았고,
곧 상대에게 보내는 기록임과
동시에 자신에게 보내는 고백과
되새김질이 되었어요."

하호하호
"하루 종일 옆에 붙어 있던 사람이 없다는 건 이상했습니다. 작은 방을 복닥거리게 나눠 쓰던 때가 더 즐거웠고, 혼자 쓰게 된 작은 방은 크게만 느껴졌거든요. 별안간 여행길에서 집게손가락보다 작은 깻잎 몇 장을 옹기종기 모여 나눠 먹던 순간이 떠오릅니다. 그렇게 또 옹기종기 무리를 이룬 개미들처럼 모여 부지런히 밥해 먹고 싶어요."

단춤
"누군가와 무언가를 함께한다는 일은 마음을 나누어 쓰는 일이기에 더 신중을 기하게 됩니다. 여행 속에서 일상을 보내는 사이 우리는 서로를, 그리고 스스로를 더 알아가게 되었지요. 여행은 늘 저에게 큰 반환점으로 남아 있습니다. 경험하지 못한 새로운 세계를 알아가는 일은 우물 안 개구리가 바깥을 알게 된 순간처럼 다채로운 놀라움으로 가득해요. 그 앞에 작아진 나를 발견하는 일은 언제나 어색하고 부끄럽습니다만, 처음으로 날것의 감정을 가볍이 다듬어 기록한 순간들이기에 의미가 있어요. 함께였기에 끝맺어진 이야기의 마침표를 오래오래 담아두고 싶습니다."

한국에서의 너의 일상이 궁금해. 여행을 가기 전과 같은지, 가기 전과 다른지, 다르다면 어떻게 달라졌는지. 나는 아직 귀국하지 않았지만 귀국하면 전과 많이 달라질 것 같아. 새롭다는 것은 뭘까, 생각해 봤어. 이제는 별로 새로울 것이 없다고 거만하게 생각했는데, 네가 떠나고 나서 같은 곳, 같은 경험이어도 누구와 함께 하느냐에 따라 완전히 새로운 경험이더라.
너와 편지를 주고받으면서 알게 된 점은 편지를 쓰는 것은 마음을 꼼꼼히 살펴보는 일인 것 같아. 나는 대체로 그렇지 않아서 이렇게 저렇게 주절대 보지만 아직 마음을 잘 살피지 못하는 것 같아. 그래도 네 덕에 이 편지를 쓰면서 행복, 용기, 다정과 같은 마음에 관한 단어를 곱씹어 보고 있어.

**혼자 쓰는 방이 아직은 어색한
너의 친구 하호하호가.**

Book—《낯선 일상이 보내 편지》 단춤, 하호하호

좋아하는 방법대로

에디터 차의진   자료 제공 원영재, 오후네시, 심규태

기록은 한 가지 얼굴만 하지 않는다. 순간을 포착한 사진, 흐르는 영상,
네모 칸에 담긴 그림 역시 기록의 또 다른 모습이다. 내가 가장 편안히 여기는 방법으로
삶을 기억하는 사람들. 그들이 걸어간 자리에 남겨진 발자국을 살펴본다.

$\boxed{\text{Film}}$

다시 오지 않는 순간을 붙잡으며

원영재 ─ 누땡스

아트북 출판사 '누땡스nu thanks'를 이끄는 영재는 일상의
소중한 찰나를 사진으로 포착한다. 10년 전, 그는 열 명이
넘는 친구들과 페이스북 페이지 누땡스를 운영하면서 관심
분야와 관련한 소식을 전했다. 오늘날 웹 매거진의 초기
형태인 셈. 페이지는 많은 이들의 사랑을 받았지만, 구성원
모두 직업을 찾을 시기가 다가오면서 저마다의 길을
걸어갔고 남은 영재가 누땡스를 이어 왔다. 그가 소개하던
분야는 예술, 특히 사진. 감상만 즐기던 그가 찍는 일에
관심이 생긴 때는 사진가 린다 매카트니Linda McCartney의
전시에서다. 일상과 주변인을 포착하는 작가의 시선에
감탄하고는 찍는 사람으로 나아가길 결심했다. 얼마
지나지 않아 그의 손에 카메라가 들렸고, 영재는 뷰파인더
너머로 보는 세상에 매료되었다.

영재에게 기록의 의미는 절대 다시 오지 않는 시간을
기억하는 일이다. 형식적이거나 뻔하기보다, 그가
자연스럽다 여기고 직관적으로 마음에 드는 구도로 사진을
찍는다. 이제는 아무리 아름다운 장면이라도 원하는
모습이 담기지 않으면 카메라를 내리는 결단력도 생겼다.
누땡스는 영재의 작품, 다양한 예술가의 이야기를 담은
책을 발행해 왔다. 그는 책도 하나의 공간이 될 수 있다는
마음으로 작업한다. 오래전 한 매거진을 몰입해 읽으면서
마치 다른 세상에 와 있는 듯한 기분을 느꼈고, 누땡스라는
한 권의 세계로 독자를 인도하고 싶기 때문이다.

사진보다 앞서 기록의 도구가 되었던 건 글이다. 고등학교
1학년 때부터 하굣길에서 본 장면, 떠오르는 생각을
기억하고 싶어 조금씩 쓰기 시작했다. 그렇게 적어
내린 조각을 그러모아 한 권의 책으로도 펴냈다. 산문집
《사실 아무도 신경 쓰지 않아, 그러니까 걱정하지 않아도
괜찮아》에는 언젠가 나의 이야기를 책으로 엮고 싶다는
오랜 소망이 담겼다. 여전히 메모장에는 가벼운 단상이
가득하다. 짧은 순간도 놓치고 싶지 않아 하는 마음에서
생을 아름답게 여기는 마음이 비친다. 편안한 빛이 머무는
사진과 그가 솔직하게 써 내린 이야기들. 영재의 발자국을
보며 스쳐 가는 오늘을 좀더 느리게 느껴본다.

영재의 한 장

"독일 라이프치히의 한 호수에서 물놀이하던 아이들
네 명을 찍은 사진이에요. 출판을 전문적으로 배우고
싶어서 독일로 떠났는데, 곧 팬데믹이 찾아왔어요. 모든
계획을 뒤로하고 긴 겨울을 집에서만 보냈죠. 타지에서
맞는 첫 번째 봄, 트램으로 30분 거리에 있는 호수를
찾았어요. 모두 자유롭고 편안한 시간을 보내고 있었죠.
평화로운 장면에 불안감은 진정되었고, 긍정적인 마음이
생겼어요. 힘들었던 시간의 터닝 포인트가 되어준
사진이에요."

기록 도구

"라이카의 'Z2X'입니다. 필름 사진을 찍기 시작한
2016년부터 지금까지 쓰고 있어요. 편리하고 무엇보다
결과물이 마음에 들어요. 다양한 카메라를 써봤지만
저한테는 이 모델이 가장 잘 맞아요. 망가지거나 여행
중에 잃어버려도 이 친구만 다시 구매한답니다. 지금
쓰는 건 아마 다섯 번째일 거예요."

삶을 영화처럼

서윤아·신윤섭 — 오후네시

윤아와 윤섭은 '오후네시'라는 이름으로 작은 영화를
만든다. 주인공은 두 사람. 정해진 대사나 연기는 없다.
부부는 일상에서 떠오르는 생각과 삶을 대하는 태도를
영상으로 기록하고, 영화처럼 표현한다. 두 사람의
이야기를 있는 그대로 보여주되, 날것보다는 울림을 주는
콘텐츠로 구현하고 싶었던 까닭이다. 윤아가 영상의
배경이 될 여행지를 찾고 동선을 계획하면, 촬영과
편집은 윤섭이 전담한다. 편집이 시작되면 윤아는 영상에
담긴 대화, 무드를 살펴 적절한 주제를 뽑아내고 흐름을
기획한다. 그렇게 만든 영상을 SNS에 차곡차곡 쌓은 지도
어느덧 한 해를 넘겼다.

기록은 직장인으로 바쁘게 일하며 느낀 공허함에서
출발했다. 내 것을 하고 싶지만 무얼 할지 몰라 마음에 큰
구멍이 생긴 기분이었다고. 두 사람은 우리만의 이야기를
해보자며 라이프스타일, 목표, 꿈을 소재로 영상을
찍어보기로 했다. 글이나 그림 같은 간접적인 방법보다는
삶을 직관적으로 보여주는 방법이 좋았단다.

부부는 과거의 답답함과 무력감은 훌훌 덜고 한 발짝
나아간 듯한 느낌을 받는다. 앞으로 발걸음이 어디로
향할지 여전히 모르지만, 꿈에 다가섰다는 기분을 품에
안았다. "젊은 날의 우리 모습을 기록한다는 게 얼마나
귀하고 사랑스러운 일인지 몰라요. 나중에 영상을 볼 때
'이땐 멋진 생각을 했구나.' 혹은 '왜 저런 생각을 했지?'
분명 그럴 것 같거든요. 미래에 이 기록물들을 보며 어떤
감정이 들지 감히 알 수는 없겠지만, 꿈을 향해 달려가는
모습을 바라보며 평생 꿈을 꾸고 살 것만 같아요."

내밀한 생활을 공개적인 기록으로 제작하는 윤아와
윤섭은 창작물을 보는 타인을 배려한다. 두 사람의 생각이
누군가에게는 상처가 되거나 불편하지 않도록, 보는
사람들의 삶과 생각 또한 존중한다는 마음으로 흐르는
장면을 다듬는다. 그래서인지 오후네시의 이야기는
자연스럽고 편안하다. 둘만이 낼 수 있는 분위기와
목소리에 잠기는 일이 좋다. 그들의 미래 역시 프레임에
아름답게 간직되겠지. 윤아와 윤섭이 함께하는 여정을
다정한 마음으로 응원한다.

오후네시의 한 편

"제목은 '우리 여기서 살까?'예요. 오래전부터 우리
부부의 목표는 제주도에서 행복하게 사는 거였어요.
연고도 없는 곳으로 떠나 지금과는 다른 삶을 선택하는
게 쉽진 않겠죠. 그럼에도 그날을 기대하지만, 나이를
먹을수록 현실과 타협하려는 모습을 발견했어요. '거기서
뭐 해 먹고살까? 할 수 있는 게 있을까?' 솔직한 생각을
영상의 마지막 내레이션에 담았어요. 꿈을 꾸지만,
현실적인 고민을 하는 것도 우리니까요."

기록 도구

"소니의 'A7C'예요. 렌즈는 2470GM을 쓰고요.
고유한 색감이 가장 마음에 들고, 어두운 곳에서도
밝고 선명하게 찍혀요. 풀프레임 카메라지만 작고
가벼워서 여행을 자주 다닌다면 좋은 선택이
될 거예요. 편집 프로그램은 잘 알려진 어도비의
'프리미어프로'를 씁니다."

우리에게 모든것을 더 극복할 수 있는 용기가

찾아왔으면

탁.

왜 부수는지
알려줄래?

그리고 칠하는 나의 이야기

심규태 — 만화가

규태는 기억을 모아 한 편의 만화를 만드는 사람이다. 그를 처음 접한 건 일상 만화 《여가생활》에서. 프리랜서 만화가의 소소한 삶을 읽으며 슬그머니 웃곤 했지. 그를 만나 어떻게 지금에 이르렀는지부터 물었다. 규태는 그림을 그려서 친구들에게 보여주는 걸 즐거워하는 아이였고, 줄곧 만화를 좋아했다. 말풍선 모양에 따라 읽는 이가 대사의 어투를 달리 알아채는 것처럼, 만화만의 암묵적인 약속이 존재한다는 일이 흥미로웠다. 그림을 업으로 삼은 건 자연스러운 결과였다고.

만화를 좋아했지만 자기 이야기를 그림으로 표현하는 세월도 길었단다. 하지만 무라카미 하루키가 에세이에서 자기 이야기를 은근한 방법으로 풀어내는 것을 보고 힌트를 얻었다. 일상 만화를 본격적으로 그린 건 반려동물이 무지개다리를 건너면서였다. 그가 기억하지 않으면 소중한 존재는 영영 없던 것처럼 여겨질 것 같았고, 함께 작업하는 사람들과 그간 맺은 인연들을 다시 돌아보게 되었다. 그들과의 이야기를 기억하고자 펜을 든 그는 일 년이 넘는 기간 동안 작업에 열중해 《여가생활》을 완성했다.

규태는 여전히 일상을 소재로 그림을 그리지만 방법은 조금 달라졌다. 전에는 삶에서 보고 느낀 것들을 직관적인 일상 만화로 그렸다면, 이제는 여러 기억을 재해석해서 가상의 이야기를 만든다. 창작의 소재를 보관하기 위해서 떠오르는 단상을 짧게 기록한다. 기억하고 싶은 일들, 만화로 꼭 옮기고 싶은 일들이 메모장에 빼곡하다. 숱하게 펜을 들면서 성장한 자신을 발견할 때도 있다. "《슬램덩크》를 그린 이노우에 다케히코를 좋아해요. 그가 연재한 《배가본드》는 작가가 만화가의 인생을 검에 빗대어 표현한 작품이라고 생각하는데요. 등장인물의 대사가 사실 만화가의 삶을 말하는 문장이었다는 걸 깨달을 때가 있어요. 작가와 통하는 그 순간이 기뻐요." 좋아하는 것을 즐겁게 말하는 규태를 보면서 그는 자신의 이야기를 그리고 칠하는 삶을 걸어갈 수밖에 없는 사람이라고 느꼈다. 그의 한 컷에는 또 어떤 일상의 조각이 담길까. 아직 본 적 없지만 나는 또다시 책장을 넘기며 미소 지을 것을 안다.

규태의 한 페이지

"제목은 〈딸랑딸랑〉이에요. 출판사 '삐약삐약북스'에서 청소년을 위해 만든 단편만화집 《대운동회 2024》에 실렸어요. 두 가지 경험이 모티브가 되었는데요. 하나는 아버지가 선물한 열쇠고리를 가방에 달고 학교에 갈 때마다 잃어버렸던 일이에요. 또 하나는 고등학교 때 친구 샤프를 내 거라고 주장하면서 바보처럼 거짓말했던 일이고요. 결국 돌려줬지만 사과도 제대로 하지 못해서 여전히 부끄러운 기억이에요. 만화 일부를 공개할게요."

기록 도구

"모든 만화는 아이패드 프로 2세대로 그려요. 가볍고 어디서든 그림을 그릴 수 있어서 잘 쓰고 있어요. 자료 공유도 편리하죠. 앱은 '클립 스튜디오'를 쓰는데, 만화가 책으로 제본되면 어떤 모습일지 미리 보는 기능이 있어서 좋답니다."

아키비스트 박온도의 일상은 평범하게 흘러간다. 일주일 중 5일은 남편과 함께
작업실로 출근하고 매일 아침, 저녁으로 반려견 지구와 산책을 나선다. 밥을 차려 먹고,
다도를 하며 몸과 마음을 다스린다. 그 사이사이 문득 떠오르는 생각들은 모두 기록이
되었다. 그만의 시선으로 해석되어 글과 사진, 영상으로 남겨졌다. 습관처럼 쌓아온
기록 덕분에 평범한 날들이 고유해졌다. 그리고 어느새, 그에게 기록은 자신과의
내밀한 만남을 넘어 그림을 그리는 남편의 작업을 말없이 지지하는 일로 이어졌다.

언젠가 자연스레 태가 나겠지

박온도—아키비스트

에디터 이다은
포토그래퍼 최모레

초대해 주셔서 감사해요. 오후의 해가 한가득 들어오는 아늑한 집이네요.

그렇죠? 이 시간이 되면 아래층 소파가 놓인 공간과 위층 테이블이 있는 쪽으로 따뜻한 빛이 들어와요. 원래 아래층에 별다른 게 없었는데, 살다 보니 너무 인위적으로 느껴져서 얼마 전 구조를 좀 바꿨어요. 잘 보지는 않지만 TV도 걸어두고요. 이제 조금 사람 사는 공간 같아요(웃음).

온도라는 이름 때문에 차분하고 다정한 분일 거라고 짐작했는데, 직접 뵈니 밝고 씩씩한 인상도 함께 풍겨와요. 본명이 아닌 걸로 아는데, 어떻게 지은 이름이에요?

SNS나 온라인상에서 사용하는 닉네임을 잘 지어두고 싶었어요. 평소 지향하고 좋아하는 것들에 어울리는 단어가 무엇일지 고민하다가 '온도'가 떠올랐어요. 온도는 따뜻하기도 하고 차갑기도 하잖아요. 저는 자연스러운 조화를 중요하게 여기는 사람인데, 그걸 한 단어로 표현하기에 알맞은 단어인 것 같더라고요. 그때 생긴 별명이 이름처럼 불리게 됐고, 지금까지 이어져 왔어요.

온도 씨가 이번 호 주제에 꼭 맞는 인터뷰이라고 생각했어요. SNS, 유튜브 등 공개된 것만 보더라도 꽤 오래전부터 계속해서 뭔가를 남겨왔더라고요.

기록하고 정리하고 편집하는 건 늘 좋아했어요. 무언가를 보거나 느낄 때 그냥 지나가게 두지 않고 제 언어로 남기고 싶어 했고, 어디에든 어떤 방식으로든 생각을 표출하고 공유하는 게 즐거웠어요. 사람들과 길게 대화 나누기를 좋아하는 것도 아마 같은 이유인 것 같아요. 어릴 때 일기를 꼬박꼬박 쓰거나 얌전히 앉아서 책만 보는 아이는 아니었어요. 〈반올림〉을 정말 좋아했는데, 그런 영화나 드라마를 보면 주인공들이 꼭 겉면이 가죽으로 된 다이어리 들고 다니잖아요. 너무 멋져 보여서 문구점에서 가죽 노트나 수첩을 사서 거기에 카드를 꽂고 다녔어요. 하나도 쓰지도 않으면서요(웃음). 싸이월드도 그렇고, 제가 가진 기질과 시대의 유행이 맞아떨어져서 더 재미를 붙이게 된 것 같아요.

글, 사진, 영상 등 다방면으로 일상과 단상을 담는데요. 어느 기록물에서든 '자연스럽다', '꾸밈없다'는 인상이 가장 크게 남아요.

20대 때, 친구가 저를 "자연스러움을 광적으로 좋아하는 사람"이라고 표현한 적이 있어요. 무의식중에 말하고 행동하니 잘 몰랐는데 그 말을 듣고 깨닫게 됐어요. 너무 맞는 말 같아서 막 웃었죠. 스스로도 주변 환경도 세월의 흔적이 묻은 것들을 좋아하는 편이에요. 본능적으로 이끌려요. 그렇다고 무조건 오래된 것만 찾아다니는 건

아니지만, 사람이든 물건이든 새롭게 만나게 되면 곁에 두고 손때가 타게 해요. 그러면 애쓰지 않아도 자연스러워지는 것 같아요. 조금 다른 이야기이긴 하지만 제가 자연을 좋아하거든요. 자연이 그 자체로 아름다운 것처럼 가식 없고 꾸밈없고, 그래서 어떤 의도 없이 존재하는 것이 좋아요. 그렇게 살고 싶기도 하고요.

최근 SNS 피드에 "요즘에는 집착처럼 틈만 나면 일기를 쓰고 있다."고 했죠.

요즘 문득 느낀 건데, 가만히 있어도 바깥에서 들어오는 정보가 너무 많은 시대이다 보니 스스로 내면을 돌아보는 시간이 점점 줄어드는 것 같더라고요. 저 역시 그 시간을 놓치고 있었고 다시 찾아야겠다는 생각이 들어서 평소보다 더 자주 제 안에 있는 이야기를 써 내려가고 있어요.

누군가는 감정을 해소하기 위해, 누군가는 특별한 날을 잊지 않기 위해 일기를 쓸 텐데요. 온도 씨는 언제 일기장을 펼치나요?

제 노트는 일기장보다는 불렛저널에 가까워요. 몇 년 전부터 불렛저널 형식을 빌려 매일의 업무 일지와 개인적인 활동을 기록하고 있어요. 그날 느낀 것들을 짧게 쓸 때도 있고, 종종 감정을 해소하고 싶은 날에는 생각나는 대로 긴 글을 써요. 좋은 글이나 영감이 된 것들을 옮기고, 기억하고 싶은 순간이 생겼을 때는 포토 프린터로 사진을 인쇄해서 붙이기도 해요. 용도를 따로 나누지 않고 한 권에 쓰기 때문에 페이지마다 기록 형태가 다르죠. 일반적인 불렛저널처럼 기호를 사용하지는 않지만, 쓰고 싶은 만큼, 쓰고 싶은 대로 쓰고 표시해 둘 부분은 제가 알아볼 수 있도록 형광펜별로 고정값을 두고 칠해 둬요. 밖에 나갈 때는 작은 메모장을 가지고 다니면서 그때그때 생각들을 적어두고 나중에 노트에 다시 옮겨요. 재미있는 건 며칠 전에 쓴 메모를 옮기려고 하다가 그때와 생각이 달라져서 내용을 조금 바꾼다거나 아예 생략하기도 한다는 거예요. 고작 며칠 사이에 꼭 남기고 싶었던 생각이나 감정이 달라지고 사라진다는 게 참 묘해요.

'어제의 나와 오늘의 나는 다르다.'는 말을 체감하고 있네요.

드라마 〈안나〉에 "사람은 혼자 보는 일기장에도 거짓말을 씁니다."라는 대사가 나와요. 그 대사를 듣자마자 '혹시 나도 그런가?' 하면서 약간 흠칫했어요. 저는 일기 쓸 때만큼은 솔직해지려고 부단히 노력하거든요. 굳이 쓰지 않아도 될 내용은 생략하기도 하지만, 종이 위에 새기는 모든 텍스트에는 거짓이 없기를 바라요. 내 감정과 상태, 생각을 자유롭게 쓰다 보면 어느 순간 객관적으로 자신을

분석할 수 있게 돼요. 안 좋았던 기억을 곱씹으면서 왜 그랬는지 명확히 짚어내고 앞으로 어떻게 개선해야 할지 생각하는 시간도 생기고요. 만약 제 일기를 타인이 보게 된다면 진실인지 거짓인지 알 길이 없겠지만, 전 알잖아요. 자신에게 솔직해지는 일은 진짜 자기 자신을 찾아가는 과정에 꼭 필요하다고 생각해요.

지나간 기록을 다시 들춰 보기도 하나요?
무조건 다시 봐요, 무조건(웃음). 지난 기록은 아예 쳐다보지도 않는 분들도 있다고 하는데 저는 루틴하게 돌아보는 편이에요. 일단 월요일마다 지난 일주일을 돌아보면서 그간의 업무 일지를 데이터화해 놓고, 한 달, 상반기, 하반기, 1년 단위로 훑어보면서 그동안 나한테 어떤 일이 있었는지, 올해는 어떻게 살았는지 되짚어봐요. 좋았던 일도 있고, 잊고 싶은 일도 있지만, 그 모든 게 한 사람이 살아가는 데 꼭 필요한 자양분이 된다고 믿어요. 지난날의 나에게서 무언가를 깨닫는 건 아주 중요한 일이고, 스스로 돌보는 일과도 연결되어 있어. 그래서 더 기꺼이 돌아보게 돼요.

온도 씨의 기록 안에는 유독 걷는 장면이 많아요. 평범한 날에도, 여행을 떠나서도 걷고 또 걷더라고요.
저한테 걷는 시간은 무엇이든 바라보고, 경험하고, 느끼고, 그것에 집중하는 시간이에요. 처음 가보는 동네를 산책하거나 여행지를 탐방하는 것도 다 걷는 행위를 기본으로 하잖아요. 다리가 움직이는 것뿐인데 시야는 초마다 바뀌고, 저는 계속해서 비슷한 듯 새로운 풍경들을 눈에 담아요. 그것만으로 충분해요. 혼자일 때는 내 기분과 시선에 집중하고 사색할 수 있으니 좋고, 누군가와 함께라면 이야기가 풍부해지니 또 좋죠. 원래도 걷기를 즐기지만, 요즘은 반려견 지구 때문에라도 무조건 하루에 두 번씩 산책을 해요. 지구가 없었다면 안 걸었을 날씨에, 못 걸었을 거리를 걷게 되니 저의 산책 바운더리도 넓어졌어요. 조금 힘든 날도 있지만 매일 감사한 마음으로 현관문을 나서요.

이야기 나온 김에 지구를 소개해 줄래요?
지구는 이제 네 살이 좀 넘은 남자아이예요. 파주에서 한 번에 150여 마리를 구조하는 프로젝트가 있었는데, 그때 구조된 어미의 아이였어요. 늘 강아지를 키우고 싶어 했고 이왕이면 유기견을 데려오고 싶어서 알아보다가 지구의 프로필 사진을 보게 됐어요. 두 귀가 다 접혀서 해맑게 웃는 얼굴이 너무 귀여운 거예요. 곧장 가서 데리고 왔어요. 아까 들어오실 때 많이 짖었잖아요. 예민하고 겁이 많아서 그래요. 사람들한테 주목받는 거 싫어하고,

낯선 장소도 싫어해요. 좀 고양이 같은 면이 있어요. 아는 척 안 하고 저희끼리 대화하면 먼저 다가올 거예요.

오, 맞아요. 아까 테이블 아래로 와서 제 손 냄새를 맡고 갔어요(웃음). 산책할 때 어떤 계절, 어떤 동네 좋아해요?
종로 일대를 다 좋아하는데 그중에서도 서촌을 제일 좋아해요. 서촌에서부터 광화문, 삼청동, 인사동, 종묘 거리까지 한국적이고 예술적이면서도 우리나라의 현재를 가장 잘 들여다볼 수 있는 곳들이 쭉 이어지잖아요. 고층 건물이 없으니 눈을 돌리면 인왕산과 북악산이 훤히 보이고요. 산세와 어우러지는 경복궁, 광화문 광장, 현대식 건물과 한옥이 이질감 없이 어우러지는 모습이 너무 멋져요. 밤이 늦어도 위험하지 않아서 꽤 오래전부터 혼자서 정말 자주 걸었어요. 최고로 좋아하는 계절은 겨울에서 가을로 바뀌었어요. 한 해가 저물기 전에 찬란한 빛을 내는 단풍들이 너무 아름다워서요. 가을에 입는 옷들도 좋아하고요. 계절을 만끽하러 자주 나가야 하는데 점점 짧아지기만 하니까 마음도 몸도 바빠요.

유튜브에 간간이 여행 브이로그도 올리죠? 여행지도, 복장도 확실히 자기만의 방식이 있는 것 같았어요.
고유한 히스토리가 있는 곳을 좋아해요. 평소 궁금했던 지역으로 여행을 가서 역사적 의미가 있는 곳이나 유명한 문화재를 찾아 꼭 들르는 편이에요. 그리고 주변을 탐색하면서 그 지역이나 나라의 자연과 일상을 최대한 느껴보려고 해요. 현지의 일상을 경험하기엔 카페만큼 좋은 답이 없다고 생각해서 한, 두시간은 카페에서 시간을 보내요. 사람들의 소음을 귀에 담고 일기를 쓰기도 하죠. 관찰 노트는 아니고, 그 공간에 잠시 속해보는 경험을 하는 거예요. 복장은… 이미 여러 번 나온 단어인 것 같은데 최대한 '자연스럽게' 입어요(웃음). 어디를 가든 두 손과 발에 최대한 자유를 주는 아이템을 골라요. 그래야 더 잘 즐길 수 있고, 사실 예쁘게 꾸민다고 한들 몇 시간 못 가서 흐트러지더라고요. 가방은 크로스백이나 백팩을 메고, 얇은 스카프와 선글라스, 작은 텀블러를 챙겨요. 리스트만 나열하면 언제나 하이킹하는 사람의 복장 같지만, 그래도 때와 장소에 따라 복장을 맞추기는 해요(웃음).

화면 너머의 온도 씨 부부와 지구의 일상은 참 단란하고 평화로워 보여요. 두 사람이 비슷한 결을 지니고 있다는 느낌도 들고요,
연애할 땐 남편과 비슷한 게 정말 많다고 생각했는데, 결혼하고 조금씩 나이가 들면서 어느 순간 정말 다른 사람이라는 걸 느꼈어요. 남편은 변화를 두려워하지 않아요. 반응 속도도 빠른 편이고요. 일상의 많은 부분에서

무언가를 고민하고, 필요하다면 변화하고 움직이는
사람이죠. 반면에 저는 원래 있던 것을 유지하기를
좋아해요. 대체적으로 한번 마음먹은 일은 후회하지 않을
때까지 해봐야 하고, 새로운 것에 크게 흥미를 가지는
편은 아니에요. 그래서 가끔씩 새로운 결정을 해야 할
때면 조율할 일이 생겨요. 다행히 서로의 성향을 존중하기
때문에 별 탈 없이 앞으로 나아가고요. 다른 점이 아홉
가지, 닮은 점은 한 가지 정도 될까요? 그런데 그 한 가지가
너무 크고 서로한테 가장 중요한 부분이어서 남들 눈에는
전체적으로 비슷해 보이나 봐요.

그 한 가지가 뭘까요?
글쎄요. 한마디로 정의하긴 어려워요. 내면에 있는
무엇인데…. 자연스러움을 추구한다는 점이 닮았어요.
저희가 처음 만난 게 남편의 첫 개인전 때였는데, 주제가
'자연스러운, 너무나 자연스러운'이었거든요. 관람하는
내내 나와 비슷한 내면을 가진 사람이 여기 있었구나, 하는
생각이 들었어요. 삶을 대하는 태도나 나아가려고 하는
방향도 닮았고요.

**남편인 우병윤 작가의 작업을 기록하는 아키비스트로
일하고 있잖아요. 전부터 관련된 일을 했던 거예요?**
아뇨. 고등학교 졸업하자마자 다양한 일을 했어요.
첫 직장이 은행이었는데, 사진과를 가려고 준비하다가
선생님 권유로 은행에 입사 지원을 하고 들어가게 됐죠.
그런데 해보고 싶은 일이 너무 많았어요. 너무 어린
나이에 꿈을 펼칠 기회도 없이 직장을 다니게 돼서 그랬던
것 같아요. 3년 정도 다니고 서울로 올라왔고, 옷을
좋아해서 의류 브랜드에서도 일해보고 또 가장 최근까지는
바리스타로 일했어요. 커피도 좋아하거든요. 3, 4년
주기로 직종을 바꿔가며 계속 제가 하고 싶은 일이 뭔지
찾아다녔어요. 엄청나게 진취적인 편도 아니지만 내면에
도전 정신이 있나 봐요. 궁금한 게 생기면 꼭 해보거든요.

**직장 생활을 오래 했군요. 그럼 이 일은 어떻게 시작하게
된 거예요?**
마지막 직장을 그만 둘 때가 딱 서른이었는데요. 이 일을
시작한다고 했을 때 다니던 직장에서도, 주변 사람들도
많이 말렸어요. 지금은 좋겠지만 나중을 생각하면 너무
어려운 길 아니겠냐고요. 남편과 함께 일하면 따로
돈이 들어오는 게 아니니까 저 역시 현실적인 문제에
대한 걱정이 컸죠. 아키비스트가 되기로 결심한 건 남편
덕이에요. 저는 일상 속에서 기록하는 게 습관 같은
사람이거든요. 남편을 만나고 나서부터는 그냥 자연스럽게
이 사람을 담고, 기록하고, 공유하기를 좋아했던 건데,

그 기록에 대한 가치를 존중해 줬어요. 앞으로는 더 마음껏, 네가 기록하고 싶은 만큼 해보라고 용기를 줬죠. 그렇게 기회가 생겼고, 남편의 작업을 아카이빙하면서 매니저 역할도 겸하게 됐어요. 정확히 11년 동안 직장 생활을 했는데, 안정적인 생활에서 벗어난다는 게 두렵기도 했지만 확신이 있었어요. 우리가 정말 좋아하는 일이고 가치 있는 일이라는 것, 그렇기 때문에 그때의 우리에게 꼭 필요한 선택이라는 확신이요.

흔히 볼 수 있는 직업이 아니라서 혼자 고민하는 시간도 많았겠어요.
예전이나 지금이나 이 일을 대하는 마음가짐은 같아요. 다만, 분명 확신을 가지고 시작한 일임에도 불안한 지점이 있죠. 무언가를 만들어서 노출시키고 소비하기 바쁜 시대잖아요. 그런데 기록이라는 건 이미 완료된 일을 다루는 것이기 때문에 우리가 시대의 흐름을 외면하는 건 아닌지 고민스러운 순간이 종종 왔어요. 저는 우병윤 작가 한 사람을 기록하고, 그 기록을 보관하고 있지만, 보편적으로 아키비스트는 훨씬 큰 규모를 다루니까 내 직업을 정말 아키비스트라고 소개해도 되는지에 대한 부담감과 의문도 들었어요. 고민을 나눌 동료가 없으니 외롭기도 했고요. 그럴 때마다 쌓여가는 데이터를 보며 잘하고 있다고 주문을 걸어왔고, 요즘은 이 일을 더 체계적으로 하고 싶다는 생각을 해요. 전문적인 강의나 강연이 있으면 들어보고 싶고, 다른 사람들은 어떻게 정리하고 기록하는지 배우고 공부하고 싶어요.

어떤 방식으로 일하는지 궁금해요.
크게는 과거의 기록과 현재의 기록, 두 가지로 대분류를 해요. 과거의 기록은 남편이 작가로서 쌓아둔 작가 노트, 영감을 받은 것들, 제가 보기에 남편이 화가로서 좋아하는 것들과 활동 기간에 생긴 사진, 홍보물, 인터뷰 등 모든 자료를 아울러요. 작가로서의 전체적인 흔적들을 모아서 차곡차곡 쌓아두고 정리하죠. 더 필요한 데이터가 있을 때는 보충해서 채워넣고요. 현재의 기록도 비슷한데요. 바로 지금, 작업하는 순간과 작업을 위해 하고 있는 생각들 그리고 진행 중인 전시나 작품에 대한 자료들을 모아요. 남편은 최선을 다해서 작업하고 저는 계속 발자취를 따라가면서 기록으로 남기는 거죠. 기록은 글이 될 때가 있고, 업무 일지 형식이 될 때도 있어요. 사진이나 영상이 되기도 하죠. 가끔 프로젝트성으로 작업 과정과 인터뷰를 담는 아트 필름을 제작하기도 해요. 저희가 살아 숨 쉬는 모든 시간이 기록의 소재가 될 수 있으니 업무는 끝이 없어요. 그저 우병윤 작가의 순간들을 모으고 편집해 두면 언젠가 쓰임이 있을 거라는 바람으로 작업을 이어가요.

기록을 남기는 사람과 기록으로 남겨지는 사람이 세상에서 가장 가까운 사이인 거네요.
맞아요. 남편이 작업하는 모습을 실시간으로 보고 있으면 작품을 얼마나 진심으로 대하는지, 즐기는지가 느껴져요. 어떤 순간에는 "이거 찍어야 돼!" 하면서 본능적으로 카메라를 들이대는데요. 제가 이 사람의 가장 리얼한 모습을 담았다는 생각이 들면 너무 재미있어요. 남편도 제가 촬영하는 게 익숙하니까 옆에서 "이렇게 해봐, 저렇게 해봐." 해도 크게 집중이 흐트러지지 않아요. 외부에서 인터뷰나 촬영을 하러 오시면, 아무리 오랜 시간 편하게 진행해 주셔도 본래 모습이 나오기는 어렵더라고요. 본래 모습을 보여주고 끌어내는 데서 서로 만족감이 커요. 만약 누군가 저를 기록으로 남긴다고 하면 손사래 치면서 "아니야, 내 건 내가 남길게." 할 것 같은데 남편은 다행히 본인이 나온 영상을 꽤 좋아해요(웃음).

요즘에 기록 말고 푹 빠져 있는 일이 있어요?
다도요. 차를 좋아한 지는 오래됐는데 정식으로 다도를 시작한 지는 3년 정도 됐어요. 제가 웅크리고 잠을 자는데, 그래서인지 남편이 제 자세나 움직임이 뻣뻣하고 경직되어 있다고 하더라고요. 몸을 좀 이완시키려고 차를 마시게 됐어요. 기분 때문인지, 이제는 차를 마셔야만 몸 안의 장기들이 편해지는 것 같아요. 일주일에 두세 번 다도 시간을 보내는데요. 가지런한 자세로 찻물을 뿌리고 다구들을 정돈하는 고요한 과정을 정말 좋아해요. 3분 정도 짧은 명상도 하는데 몸과 마음이 정갈해지고 비워지는 기분이 들어요. 하루하루 바쁘게 움직이다가도 저 자신한테 '나 이제 가만히 앉아서 차 마시고 생각하고 일기 쓸 거야.' 말하고, 실제로 그 시간이 주어지면 정해진 값 안에서도 충분한 자유를 느껴요. 보통은 한 시간, 쉬는 날에는 중간중간 책도 읽고 일기도 쓰면서 두 시간 정도를 보내요. 최근에 남편을 인도해서 함께하고 있는데 예상대로 좋아하는 것 같아요.

CD 수납장이 따로 있는 걸 보니 음악도 좋아하나 봐요.
집에 있을 땐 언제나 음악을 틀어놔요. 요즘은 한 곡 반복에 꽂혀서 종일 한 곡만 듣는데요. 눈치채셨겠지만 지금 나오는 곡도 계속 반복되고 있어요(웃음). 아나 록산느Ana Roxanne의 'Nocturne'이라는 곡인데, 이 앨범에 인도에서 느낀 고귀하고 신성한 경험을 담아냈다고 해요. 아침에 차 내려마실 때 집중하기 좋아서 내내 틀어두고 있어요. 전에는 이것저것 찾아 듣기도 했는데, 알고리즘을 타고 나오는 곡들 중에 취향이 아닌 것들도 꽤 있더라고요. 그래서 좋은 곡을 발견하면 그 아티스트의 앨범만 듣거나 그중에 마음에 드는 몇 곡만 골라 들어요. 요즘 제일

좋아하는 곡은 가스 스티븐슨Garth Stevenson의 'A love song'이에요. 그날의 기분에 따라서 선곡하는 사람들도 있지만 저는 일부러 정적인 음악 위주로 골라요. 그럼 덩달아 차분해지고 움직임 하나에도 더 신경쓰게 되거든요. 좋아하는 음악을 들으며 거기에 집중하던 시절도 있었지만 지금은 음악을 배경에 두는 편이 좋아요.

단출한 가족 구성원 안에서, 그리고 내면에서 에너지를 찾고 채우는 것 같아요.

맞아요. 저희는 정말 저희끼리만 있어요(웃음). 이렇게만 있어도 충분하다고 느껴왔고, 새로운 관계를 맺기보다 가깝고 편한 사람들과 만나기를 선호했어요. 경기도로 이사 오니까 서울에 사는 친구들을 만나기도 쉽지 않았고요. 그런데 살면서 조금씩 바뀌는 게, 요즘에는 각자 보고 싶은 사람들을 만나려고 노력해요. 지구 산책을 항상 같이 해야 한다는 생각 때문에 더 붙어 있게 된 것도 있는데, 이제는 한 명이 일이 생기면 자연스럽게 나머지 한 명이 산책을 나가요. 우리가 원해서 똘똘 뭉쳐 있었듯이, 우리가 원해서 조금씩 따로 생활해 보려고 해요. 익숙한 생활 방식에 얽매이지 않으려고요.

3년 전 한 인터뷰에서 "아키비스트라는 직업, 그리고 기록이 왜 필요한지에 대해 생각하고 다른 사람에게도 알리고 싶다."고 말했는데요. 몇 해가 지난 지금은 어떤 생각을 하고 있어요?

3년이라는 시간이 짧다면 짧은데, 그동안 너무 많은 변화가 있어서 그런지 10년 전처럼 느껴질 정도예요. 인터뷰 내용을 찾아보니까 막 일을 시작하던 시기여서 말 속에 푸릇함이 보이더라고요. 당시에는 여러 가능성을 열어놓고 뭐든 더 시도해 보려는 포부가 있었지만, 지금은 오히려 계속 쌓아가는 데에만 집중하고 있어요. 남편에 대한 자료든, 우리 둘이서 듣고 보는 것이든, 우리가 지금 겪어가는 이 과정을 목적 없이 성실하게 기록해요. 기록이 왜 필요한지 알리고 싶다는 욕심은 접어두었어요. 무언가를 바라지 않아도 꾸준히 하다 보면 알아서 태가 날 거라고, 자연스럽게 전해질 거라고 믿어요. 남편 역시 지금이 엄청난 작가로 거듭나는 과정이라고 생각하는 게 아니라, 본인과 본인의 작업이 다양한 방식으로 남겨진다는 데에 순수한 감사를 느껴요. 무형적인 걸 좇는 일이라 부자 되기는 힘들 것 같지만(웃음), 지금의 우리한테 집중하기로 했어요. 대신, 앞으로 나아가고 싶을 때마다 공부나 경험이 필요하다면 아낌없이 투자할 거예요. 더 단단해지기 위해서요. 재미있는 결과물이 나오면 언제든 사람들에게 공유할 거고, 조금 더 먼 미래에는 출판도 해보고 싶어요.

기록하는 사람은 필연적으로 자신을 깊이 들여다볼 수밖에 없다고 생각해요. 지금의 자신이 마음에 드나요?

일기를 쓰기 시작한 날부터 지금까지, 인생을 조금씩 잘 걸어가고 있다는 걸 느껴요. 스스로 성숙해졌다고 느끼기도 하지만, 곁에 있는 사람이 더 먼저 알아채요. 가끔씩 남편과 대화를 나눌 때나 남편이 제가 쓴 글을 보고 나서 "너 많이 나아졌다. 많이 깊어진 것 같아." 그런 말을 해줘요. 그럼 더 나은 사람이 되고 있다는 확신이 들어요. 그 기분이 좋아서 더 잘하고 싶고 자주 하고 싶어요. 남에게 보여주기 위한 글이 아니니까 대충 쓸 수도 있고 거를 수도 있지만, 기록을 하는 것과 하지 않는 것의 차이는 앞으로 나아갈 자아에 아주 커다란 영향을 미칠 거라고 생각하거든요. 그래서 지금의 내가 마음에 드는지 생각해 보면… 사실 이 질문이 정말 어려웠는데요. 많이 고민하고 내린 결론은, '마음에 들지는 않지만 그냥 인정한다.'예요. 잘난 부분은 잘난 대로 못난 부분은 못난 대로 인정하고, 스스로 잘 알기만 하면 된다고 생각해서 계속해서 스스로 파악하려고 시도하는 것 같아요. 내가 어떤 사람이고, 지금 어떤 생각을 하고 있고, 즐거운 건 무엇이고 두려운 건 무엇인지 캐내요. '되고 싶은 나'의 기준을 높게 잡아놓고 스스로 못 미친다고 느낄 때 너무 속상하고 자책하게 되잖아요. 그런 감정은 별로 가지고 싶지 않아서요.

자기 자신을 파악한다고 말할 수 있다는 것 자체가 이미 멋진데요.

파악하려고 노력할 뿐이에요. 자신을 완전히 안다는 건 불가능한 일 같아요. '난 이런 사람이야.'라고 철석같이 믿고 있다가도 시간이 지나면 바뀌기 일쑤니까요. 그래서 '난 날 너무 잘 알아.'라고는 못 하지만 확실하게 말할 수 있는 건 저는 가끔 불안하고 많이 행복한 사람이라는 거예요. 이건 정말 잘 느끼고 있어요.

온도 씨는 '기록하는 사람은 필연적으로 자신을 깊이 들여다볼 수밖에 없다'는 내 말에 몇 번씩 고개를 끄덕였다. 그 역시 한 글자씩 노트를 채우는 일이 거울에 얼굴을 비춰보는 일과 비슷하다는 걸 알고 있기 때문일 거다. 나에게는 그 시간을 통해 천천히, 하지만 꾸준히 더 나은 사람이 되고 있다는 말이 마음에 남았다. 눈빛에서 단단한 확신이 전해져서 자꾸만 먼지 쌓인 노트를 다시 펼치고 싶어졌다.

재기와 유청은 독특한 의식으로 하루를 연다. 한 사람이 사과를 깎으면 다른 이가
먹는 것. 특별한 건 없다고? 테이블에 놓인 접시를 보자. 얇게 썰린 과육이 아름다운
곡선을 그리며 펼쳐지고, 레고 블록 같은 조각이 탑을 이룬다. 건축사 재기의
손에서 탄생한 사과 한 접시는 영화 전문 도서 편집자 유청의 사진첩에 담겼다.
SNS에 3년간 쌓은 기록은 한 권의 책으로도 탄생했다지. 사과 다섯 알을 들고
이들을 찾았다. 향긋한 내음 폴폴 나고 아삭한 소리가 연신 들리는, 그런 대화였다.

사과로 쓰는 우리의 기록

임유청·김재기—아침에사과

에디터 **차의진**

포토그래퍼 **최모레**

이웃집 공사로 소음이 심할 수 있다고 연락하셨죠.
지금은 조용하네요?

유청 아파트 로비에 공사 안내문이 붙었길래 인터뷰하기 괜찮을까 싶었어요(웃음). 오전에 잠깐 시끄럽다가 지금은 잠잠하네요.

다행이에요. 들어오자마자 집 곳곳에 시선이 가요.
어떻게 여기서 지내게 됐어요?

유청 출퇴근길에 늘 이곳 독립문 근처를 지나갔는데 매번 이상한 아파트가 눈에 띄는 거예요. 신기하게만 여기다가 집 구할 때 마침 매물이 나온 걸 알게 됐죠. 구경이나 가볼까 하고 왔다가 우리 집이 되었네요.

재기 전망도 별로 좋은 곳이에요. 지은 지는 50년이 넘었대요.

와, 그렇게 오래되었나요?

재기 네. 1970년대에 지어졌어요. 초기 아파트 특징인데, 거실 중앙에 기둥이 있어요. 저 위에 관도 보이세요? 라디에이터 관이에요. 윗집 분들은 아직도 라디에이터를 써요.

유청 전 집주인은 여기서 40년을 살았대요. 처음 구경할 땐 너무 낡았나 싶었지만 여러모로 마음에 들어서 내부를 다 고치고 입주했어요.

여기는 두 분의 기록 프로젝트 '아침에사과'가 이뤄지는 공간이기도 해요. 재기 씨가 재미있는 모양으로 사과를 깎으면, 유청 씨가 사진을 찍어서 인스타그램에 업로드하죠.

재기 20대부터 어머니가 종종 사과를 상자로 보내주셔서 사과 먹는 습관이 생겼어요. 유청 씨를 만나고 나서는 같이 먹고 싶은 마음에 제가 깎아주기 시작했는데요. 혼자 먹을 때는 숭덩숭덩 자르던 걸 색다르게 깎아봤죠. 유청 씨 반응이 좋아서 지금까지 꾸준히 하게 됐고요. 일주일에 세 번 정도 그렇게 먹어요.

유청 처음엔 '어떻게 이런 생각을 했지? 신기하다.' 했던 기억이 나요. 사과로 흔히 토끼 모양을 만들잖아요. 그런데 재기 씨는 블록을 만들어서 조형을 하더라고요. 기록을 한눈에 모아 보고 싶어서 3년 전부터 사진을 올렸어요.

유청 씨가 재기 씨를 '사과 장인'이라고 부르던데요.
모양은 어떻게 내는 건가요?

재기 단계별로 자르는 법을 결정해요. 사과를 절반으로 나눈 다음 다시 4분의 1 크기로 자를지 말지, 씨 있는 부분을 파낼지 말지, 수평으로 자를지 아니면 특정한 각도대로 자를지 정하죠. 그렇게 나온 조각들을 조합하는 거예요.

여러 번의 선택이 형태를 정하는군요.

재기 초반에는 얼굴 모양으로도 만들어봤는데요. 머릿속에 떠올린 이미지를 그대로 재현하는 데 한계가 있더라고요. 지금처럼 여러 조각을 내서 조합하는 방식이 가장 편하고 예쁘다는 걸 알게 됐죠. 아침에 산책하거나 수영할 때 오늘은 어떻게 잘라볼까 떠올릴 때도 있어요. 막상 자를 땐 다르게 자르지만요(웃음).

그날 먹을 사과는 어떻게 고르세요?

재기 제철 사과를 선택해요. 아오리, 시나노골드, 부사, 홍로⋯. 계절마다 다양한 사과를 만날 수 있죠. 저는 만드는 사람이다 보니까 맛있는 것보다 외양이 재밌는 종류가 점점 더 눈에 들어와요. 초록색인 아오리와 시나노골드가 제일 인상적이에요.

유청 사과마다 맛이 달라요. 시나노골드는 샴페인처럼 부드러운 느낌이라면, 감홍은 과육이 단단하고 단맛과 신맛 모두 강해요. 종류마다 다른 특징을 살피는 일이 재미있어요.

견과류나 다른 과일이 접시에 오르기도 하던데요.

재기 다른 재료를 사용할 때 읽히는 효과가 좋았어요. '요즘은 땅콩을 먹으니 조금 올려볼까?' 하면서 시도해 보는 거예요. 영양제를 곁들인 적도 있어요(웃음). 멜론이나 수박, 감 같은 제철 과일도 종종 먹고요.

한 접시가 완성되는 동안 유청 씨는 무얼 하며 아침을 보내세요?

유청 요즘은 일어나자마자 책상 앞에 앉아요. 둘 다 집에서 일하거든요. 앉아 있으면 재기 씨가 아침 먹자고 사과를 가져와요. 그럼 테이블 위에서 사진을 찍고 먹죠. 전에 회사를 다닐 때는 출근 버스에서 포스팅을 했는데 이제는 잠시 쉴 때 올리고 있어요.

게시물과 함께 글도 올리죠?

유청 네. 그때마다 떠오르는 생각이나 요즘 가장 관심 있는 걸 써요. 재기 씨는 매사에 단순하게 접근하는 사람이라 사과를 깎아서 저한테 주는 것 말고는 별다른 목적이 없어요. 그래서 아침에사과 계정을 만든다고 했을 때도 갸우뚱하더라고요. 내가 보려고 만드는 거라고는 했지만 처음엔 뭘 써야 할지 몰랐어요. 그러다 곧 내 일상을 자연스럽게 적게 되었고요.

요즘은 수영이나 영화 이야기가 많아요.

유청 맞아요. 작년부터 아침 수영을 하고 있는데 정말 재밌어요. 수영장 가기는 너무 힘들지만요. '오늘은 진짜

관둬야지.' 하면서 집을 나서면 '역시 수영이 최고다!' 하면서 돌아오게 돼요(웃음). 영화 이야기도 종종 쓰는 건 몰랐네요. 그 계정에도 영화 보는 생활이 녹아드나 봐요.

그러게요. 유청 씨는 영화 전문 도서 편집자로 일하고 있죠.
유청 네. 블루레이 전문 제작사 '플레인아카이브'에서 오랫동안 각본집을 기획했고, 퇴사 후에도 함께 일하고 있어요. 박찬욱 감독의 영화 〈아가씨〉(2016) 공식 사진집 《아가씨의 순간들》,《소울메이트 메이킹 다이어리》같은 책을 만들었네요. 지금은 '협업과 목련'이라는 텍스트 스튜디오를 운영하고요.

재기 씨가 하는 일도 소개해 주세요.
재기 '모요건축사사무소'를 시작했어요. 이전 회사를 다닐 때 참여한 작업 중 하나는 서소문성지 역사박물관이에요. 건축적인 감동을 느낄 수 있는 공간이라 가보셔도 좋아요. 또 하나는 설계를 맡았던 강화바람언덕 협동조합주택인데요. 대안학교 학부모를 중심으로 열두 가구가 사는 마을이에요. 여러 사람의 필요를 충족하는 공간을 설계하기가 쉽지 않았지만, 2023년 한국건축문화대상도 받고 좋은 결과가 있었죠.

사과의 정교한 배열에서 건축가의 감각이 느껴져요.
재기 건축과 학생일 때부터 건물 모형을 많이 만들어본 덕인 것 같아요. 재료를 세밀하게 자르고 붙이면서 남들보다 손 기술이 좀더 정교해진 게 아닐까요? 사과 조각을 공간처럼 생각할 때도 있어요. 방문 위치나 각도를 고려하는 것처럼 사과 두 덩어리를 비스듬히 조합할지, 나란히 놓을지 고민하죠. 사과의 배열을 보면서 설계 중인 공간을 어떻게 발전하면 좋을지 떠올리기도 해요.

뇌를 말랑하게 하는 아침을 보내고 있군요.
재기 맞아요. 머리를 마사지하는 것처럼 차분해지는 효과도 있어요. 어쨌든 칼을 쥐고 있으니 아무 생각 없이 자르는 일에만 집중할 때가 대부분이지만요.

두 분은 기록을 모아 사진집 《사과의 건축》도 펴냈죠.
유청 작년에 열린 아트북 페어 '언리미티드 에디션'에 출전하고 싶어서 독립 출판한 책이에요. 다니던 회사에서 매년 그 행사를 나갔는데요. 퇴사하고 일 년 동안은 아무것도 안 하고 삶의 방향성을 탐구하겠다는 게 목표였지만, 참가 신청 마지막 날 갑자기 '나 이렇게 살아도 되는 걸까?' 싶은 거예요. 오늘 신청하지 않으면 안 되겠다는 생각에 제가 가진 콘텐츠를 살펴보니 아침에사과가 있었어요. 그날 바로 기획안을 준비해서

참가 신청을 했죠.

꾸준히 기록을 쌓았기에 가능했던 일이었군요.
유청 사과 기록은 목적 없이 시작했지만, 원래부터 책을 만들기 위한 작업이었던 것처럼 곁에 있었어요. 우리가 이미 무언가를 가진 사람으로 만들어주어서 고마워요.

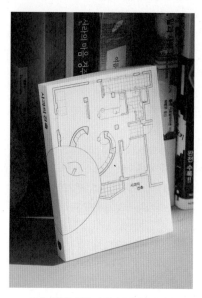

사과 기록을 엮은 사진집 《사과의 건축》

사진집이라는 형태로 펴낸 이유가 있었나요?
유청 평소 알고 지내던 정재은 감독님이 조언을 주셨어요. 제가 영화 〈고양이를 부탁해〉 각본집 편집을 담당하면서 감독님을 만나게 되었는데요. 이 프로젝트를 보고 정말 좋아하시면서 "이건 책이네! 제목은 '사과의 건축'으로 지어."라고 하시는 거예요. 그 말이 마음에 남아서 책으로 펴내게 됐어요. 우리한테 가장 귀한 것은 오랫동안 쌓은 기록 자체니까, 사진과 함께 올리던 글은 덜어내고 핵심만 남겼죠.

말미에는 인터뷰도 실렸어요.
유청 정재은 감독님에게 추천사를 부탁했는데, 감독님은 사과 장인이 어떤 사람인지 너무 궁금해서 인터뷰를 하고 싶으시다는 거예요. 직접 인터뷰어가 되어 주신다기에 감사한 마음으로 대화를 실었죠.

갑작스럽게 시작했지만 즐거운 마음으로 출판한 책이었네요.
유청 맞아요. 독립 출판이 이번이 처음은 아니에요. 여행과

영화 이야기를 담은 책들을 2-3년마다 출간했는데요. 내 글을 직접 엮고 홍보하는 일이 민망할 때도 있어요. 노력과 자본을 들이고, 다른 사람의 호의나 애정을 기대하면서 출판할 자격이 있는지 의문이 들기도 하고요. 하지만 그때마다 너무 무겁게 생각하지 않으려고 해요. 내가 가진 가장 좋은 걸 잘 묶어서 보관한다는 마음으로, 내 이야기를 재밌어하는 사람들이 있길 바라면서 책을 만들죠.

읽으면서 반복이 모이면 특별함이 된다는 생각을 했어요.
유청 저는 재기 씨의 꾸준함을 존경해요. 매일의 실패와 성공에 일일이 기뻐하거나 슬퍼하기보다 반복을 통해서 일상을 단단하게 만드는 사람이에요. 내가 좋게 여겼던 꾸준한 반복을 책으로 옮기면 이런 모양이 된다는 걸 알게 됐어요. 우리와 같은 기록은 모든 사람들이 가지고 있을 거예요. 한 장 한 장이 쌓이면 책이 되겠죠.

맞아요. 소소한 일상이 책이 된다면 저도 기꺼이 해보고 싶어요.
재기 그런 반응을 들을 때가 가장 좋아요. 우리가 먹는 일이 누군가에게는 한 번 더 생각할 거리가 된다는 점이 기뻐요.

또 기억에 남는 반응이 있어요?
재기 아이들이 특히 제 사과를 좋아해요. 친구 아이가 엄마, 아빠한테 나도 이렇게 깎아달라고 한대요. 직접 깎아서 "삼촌, 저 이렇게 했어요." 하고 보내줄 때도 있고요.
유청 동하라고, 또 다른 친구의 아이가 있는데 사과 삼촌을 꼭 만나고 싶다면서 집에 놀러 왔어요. 사과가 시드니 오페라 하우스 같다면서 좋아했죠(웃음). 아이들 세계는 생각보다 철학적이고 추상적이에요.
재기 동하가 절 보고는 눈이 번쩍 커졌어요. 깎는 데 시간이 아주 오래 걸릴 줄 알았는데 사과에 칼집을 낸 다음 펼쳐서 한 번에 모양을 만드는 줄은 몰랐대요.

귀여운 친구예요. 사람들은 왜 두 분의 기록을 좋아하는 걸까요?
재기 평범한 일을 색다른 방식으로 하니까 재밌어 보이나 봐요. 평소에 게시물 반응을 종종 보는데요. 제가 보기에도 예쁘게 만들었을 때는 '좋아요'가 많아요. 유청 씨 글이 재밌을 때도요.
유청 오, 분석을 하고 있었구나(웃음)? 우리가 꾸준히 기록한다는 것 자체를 좋게 보는 분들도 있는 것 같아요. 달라지는 점을 발견하는 재미도 있고요. 어떤 분들은 "전과 다르게 오늘은 이런 느낌으로 만들었네."라고 평을 하기도 하죠.

다른 점까지 알아챌 정도로 세심히 지켜봐 주는 분들이 있군요.
유청 네. 우리 계정은 동네 골목길에 있는 작은 이자카야 같은 느낌이거든요. 늘 먹던 요리가 있는데 신메뉴가 나오면 재밌잖아요. 아침에사과로 비슷한 재미를 느끼지 않을까 싶어요.

프로젝트를 꾸준히 유지해 온 동력은 무얼까요?
재기 좋아하는 사과를 먹는 일이라 계속되는 것 같아요. 또 유청 씨에게 과일을 깎아주는 즐거움도 있고요. 유청 씨는 사과와 일상 사진을 함께 올리는데요. 저와 보낸 시간이 담긴 사진도 있고, 요즘은 어떤 걸 흥미로워하는지 알아가는 재미도 있어서 기록을 지켜보게 돼요.

유청 씨는 사과를 기록하면서 무얼 느끼나요?
유청 시간이 마냥 허무하게 흘러가지 않고 있다는 안정감을 받아요. 아까 사진과 함께 수영 이야기도 적는다고 말했는데요. 지금은 능숙한 영법인데 몇 달 전에는 죽어도 안 된다는 내용이 있곤 해요. 그 변화 과정을 보는 게 좋더라고요. 우리는 무의미하게 매일을 보낸 것 같다는 허무함에 사로잡힐 때가 있어요. 그런데 과거의 기록을 살펴보면 단단한 무언가가 만들어져 왔다는 위안을 받죠.

좀더 사소한 기록에 관해 이야기해 볼게요. 평소 무얼 쓰세요?
유청 하나는 일을 잘하기 위한 기록. 할 일이 너무 많을 때 머릿속을 정리하려고 다이어리를 써요. 남기기 위한 기록이라기보다는 해내기 위한 기록이랄까요.

또 하나요?
유청 독립 출판의 기반이 되는 기록이에요. 문득 나는 왜 글쓰기를 좋아하나 생각해 본 적이 있어요. 나는 학자나 소설가가 되고 싶지는 않은데 왜 쓰고 싶을까 하고요. 저는 생각을 좀더 파고들려고 기록하는 것 같아요. 요즘 나는 어떻게 지내고 있는지 살펴보는 도구로 글을 쓰면 내가 좀더 또렷한 사람이 돼요. 그래서 계속 기록하는 게 아닐까요?

기록자는 두 유형이 있다고 생각해요. 유청 씨처럼 생각을 정리하려고 기록하는 유형, 그리고 정리된 생각을 글로 옮기는 유형이요.
유청 후자의 글쓰기도 많이 해봤지만, 전자를 선호해요. 저는 주장이 명확한 사람이라 정리된 생각을 글로 옮기면 생각에 갇힌 느낌이 들어요.

재기 씨는 둘 중 어떤 유형이에요?

재기 후자죠. 저는 건조한 기록을 쓰는 편이에요. 유청 씨처럼 일 관련해서 기억해야 하는 것들을 주로 써요. 또 채집하듯이 사진을 찍는데요. 좋아하는 나무나, 약수터에서 발견한 이상한 물건들, 등산할 때 만난 장면 같은 것들요. 매일 걷는 길에서, 마주치는 건물들에서도 포착하고 싶은 것들을 발견해요. 설계자가 아닌 사람이 이미 완성된 건축물에 무언가를 덧대거나 바꾸곤 하는데, 그러면 풍경의 결이 달라지거든요. 그 모습이 때로는 재치 있고 아름답죠. 계속 관찰하면서 기록해요.

일기도 쓰세요?

재기 네. 이것도 후자의 방식으로요. 저는 감상을 적지 않아요. 어딜 갔는지, 무얼 먹었는지 그 정도만 쓰죠.

유청 씨처럼 전에 쓴 글을 다시 살펴볼 때도 있나요?

재기 언제 어딜 갔는지 궁금할 때 봐요.

유청 둘 중 누군가가 어떤 날 무얼 했다고 말했는데, 한 사람이 아니라면서 주장이 부딪칠 때가 있어요. 그럼 재기 씨 일기를 열어봐요(웃음).

좋은 활용법인데요(웃음). 유청 씨가 만드는 영화 관련 책에 관해 더 이야기 나누고 싶어요. 기억에 남는 작품이 있어요?

유청 《기생충 각본집 & 스토리보드북 세트》는 제 작업물 중에서 가장 호응이 높았어요. 운좋게 개봉 전 각본을 먼저 읽을 수 있었는데, 정말 재밌었죠. 영화에는 갑작스러운 폭우로 홍수가 나는 장면이 있는데요. 대본에서도 빠른 속도감이 느껴졌어요. 각본집에서도 분위기가 고스란히 느껴지도록 글자도 크고 시원하게 디자인 방향을 잡았던 기억이 나네요.

영상물을 책으로 옮긴다니 특별한 작업이에요.

유청 각본집은 영화에 관한 기록이에요. 각본은 마치 설계도 같죠. 흥미로운 건 감독님마다 이 기록을 대하는 방식이 달라요. 완성작과 똑같이 구성하고 싶다는 분들도 있고, 수정 전 각본을 공개해서 어떤 부분이 달라졌는지 독자들이 알아볼 수 있게 하자는 분들도 있어요.

독립 출판물과 접근 방식부터 다를 것 같아요.

유청 맞아요. 한편으로 회사에서 제작했던 블루레이도 어떻게 보면 감독, 작가, 제작사, 관객 모두의 해석이 담기는 일종의 '책'이니까요. 각자의 해석을 모두가 공감할 수 있는 형태로 만드는 것이 편집자의 역할이죠. 독립 출판은 달라요. 저는 삶이란 마치 황량한 길을 걸어가면서 좋은 것들을 마주치는 일 같다고 생각해요. 좋은 것이란 친구와 같은 존재들이죠. 그들을 만나는 힘으로 살아갈 수 있는 거예요. 저한테 귀중한 존재를 모아두고 싶다는 마음으로 글을 쓰고 책을 만들었어요.

두 분에게 기록은 어떤 의미인지 궁금해요.

유청 안정감을 주는 도구죠. 가끔 앞으로의 삶을 고민하면서 우울감이 찾아올 때가 있어요. 그런데 예전 기록을 보면 이맘때쯤 같은 생각을 했던 걸 발견하게 돼요. 나의 패턴을 알아가는 거예요. 지금의 나는 패턴의 어디쯤 와 있는지 알면 나에 대한 믿음이 생겨요.

저도 오래된 일기를 보면서 그때와 지금의 나를 이해하곤 해요. 재기 씨는요?

재기 아까 이야기한 것처럼 제 기록은 채집하는 행위예요. 채집은 선별 전의 단계죠. 유청 씨가 쓴 책 중에 《까마귀의 모음》이 있는데요. 까마귀는 반짝이고 예쁜 것들을 모으는 습성이 있대요. 저도 마찬가지로 그런 존재를 모으는 거예요. 어떤 것들은 아침에사과처럼 의미를 얻고 새로운 결과물이 되기도 하죠.

아침에사과는 앞으로 어떤 모습으로 나아갈까요?

재기 유청 씨에게 의뢰해서 책 한 권을 더 만들고 싶어요. 좋은 책을 만드는 방법을 아는 사람이니까 첫 책보다 더 많이 투자한다면 예쁜 결과물이 하나 더 나오지 않을까요? 돈을 열심히 벌 거예요(웃음).

유청 투자를 받으면 내 마음대로 못 하는데(웃음). 저는 꾸준히 기록하려고 해요. 지금은 사진을 전부 아이폰으로 찍고 있는데, 전문 포토그래퍼가 찍었다면 달랐을 텐데 싶죠. 아쉬움이 크지만 지금처럼 가볍게 기록하는 방식을 포기하고 싶지는 않네요.

두 분의 이야기를 계속 지켜볼게요. 사실… 오늘 사과를 조금 가져왔어요. 자르는 모습, 저도 볼 수 있을까요?

재기 좋아요(웃음). 저희 집에 있는 사과도 같이 내어드릴게요.

사과 깎기 101

잘 익은 사과 한 알과 함께하는 아침. 재밌는 모양으로 잘라 미소로 하루를
시작해 볼까? 사과 장인 재기가 알려주는 사과 깎기 개론! 수업을 시작합니다.

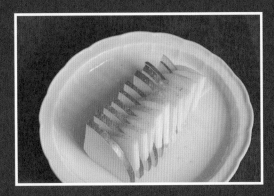

1. **사과를 도마에 올려, 자를 모양을 생각하며 크게 나눕니다**
   (2분의 1, 4분의 3 조각 등으로).

2. **어떤 조합이 될지 모르지만 동일한 규격을 유지하며 조각조각 잘라봅니다.**
   (무조건 동일하게 자를 수도 없지만 그럴 필요도 없습니다.)

3. **오늘의 조합 방식을 생각하며 잘라둔 조각들을 합쳐봅니다.**

4. **조금은 새롭게 조합해 보기 혹은 가능한 한 조합하지 않기,
   이런 말들을 생각하며 조합합니다.**

당신은 어떤 책이 될까요?

에디터 **차의진** 일러스트 **세아추**

모든 책 끝에는 조그만 이름이 차례로 쌓인다. 이 기록이 당신의 손에 닿기까지
고군분투한 사람들이다. 이 중에서도 기획부터 출간까지 분주하게 뛰는
사람이 있다. 그 이름은 바로 편집자다. 책의 꼴을 떠올리고 글의 흐름과
단어를 다듬는 사람. 출판사 이야기장수를 이끄는 이연실 대표는 18년 동안
이 일에 마음을 다해왔다. 《김이나의 작사법》, 《부지런한 사랑》 등 그가
매만진 에세이도 여러 권. 연실은 한 사람은 책 한 권과 같다고 믿는다. 오늘도
연실은 마주 앉은 이를 보며 떠올린다. 그는 어떤 이야기를 품은 책이 될지.

《라면을 끓이며》(김훈), 《걷는 사람, 하정우》, 《나는 울 때마다 엄마 얼굴이 된다》(이슬아)…. 내게 머물며 짙은 여운을 남겼던 에세이는 모두 연실의 손에서 탄생했다. 그는 누군가의 작은 우주를 건져 올려 독자들의 품에 안겨주는 일을 사랑한다. 실은 한 번도 꿈꿔본 적 없는 삶이었다. "오랜 꿈인 소설가가 되지 못했으니 나에게 형벌을 줘야겠다."는 생각으로 출판사 문학동네에 입사했단다. 그런데 뜻밖의 세상을 만났다. 수많은 사람들이 각자의 자리에서 온 마음을 다해 한 권의 책을 만드는 짜릿한 세계가 있었다. 편집자의 손을 거치면 어렵던 문장도 술술 읽히는 세계. 디자이너가 쪽번호 모양마저 고심하고, 제작자는 최적의 종이를 고르는 세계. 연실은 딱 일 년만 일하겠다는 생각을 한 달 만에 바꿨다.

처음 맡은 분야는 '비소설'. 열정 가득한 신입 사원은 "문학동네에서 비소설이면 좌천된 거 아닐까…." 하는 걱정에 휩싸였다고. 에세이는 읽어본 적도 없고, 좋아하지도 않았던 분야였으니까. 하지만 연실은 천직을 만났다. 평생 만나보지 못할 다양한 직업군의 작가와 울고 웃고 일하는 생활이 좋았다. 연실은 각자의 삶을 즐겁게 살아온 "생활인"이 자기만의 이야기를 마법처럼 터뜨리는 순간을 사랑한다. 평범한 전업주부, 히트곡을 만든 작사가의 삶이 활자가 되는 순간을 고대한다. 그의 하루는 바쁘게 흘러간다. 모든 작업자의 의견을 조율해 최선의 모양으로 책 한 권을 만들기 때문이다.

연실의 새로운 보금자리는 출판사 이야기장수. 시장에 자리를 깔고 유쾌한 말을 전하던 이야기장수처럼 재밌는 이야기를 콩나물 팔 듯, 두부 팔 듯 쉽게 전하고 싶단다. 그는 이야기 보따리에 그가 마주친 귀한 것들을 몽땅 넣어두었다. 연실의 주머니에 담긴 문장과 단어가 궁금하다. 그가 자리를 펴는 곳에 털썩 앉아 내가 모르던 세계로 빠져들고 싶다. 정성 들여 매만진 타인의 기록. 연실이 우리에게 줄 수 있는 최고의 선물이다.

연실의 손이 닿은 책

그를 거친 작품도 무수하다. 유독 기억에 남는 도서가 있을까?
연실에게 부탁했다. 편집자님, 책 추천해 주세요!

기획력이 돋보인 책

제목 잘 지은 책

《전쟁은 여자의 얼굴을 하지 않았다》
스베틀라나 알렉시예비치 | 문학동네

"2015 노벨문학상 수상작이에요. 2차 세계대전 참전 여성 200명의 인터뷰가 담겼어요. 주변 사람들이 처음엔 전쟁 이야기라 많은 호응을 얻지 못할 거라고 우려했죠. 그래도 제가 큰 감동을 받은 이야기라 편집을 맡았는데, 예상도 못한 수상 소식이 들려온 거예요. 때로 기획은 계산이 필요하지 않다는 걸 알려준 책입니다."

《우리 사이엔 오해가 있다》
이슬아, 남궁인 | 문학동네

"이슬아, 남궁인 작가가 주고받은 편지를 엮었습니다. 두 사람이 서로에게 품은 오해를 딛고 우정으로 나아가는 이야기예요. 제목은 이슬아 작가님의 문장에서 옮겨 왔는데요. 서간 에세이집이라면 흔히 작가들이 서로를 애틋하게 여기는 마음이 드러나는 제목을 붙이지만, 이 책은 심상치 않은 제목이 재밌어요. 다른 후보로는 '이슬아, 남궁인의 동공지진'이 있었네요(웃음)."

표지가 인상적인 책

우여곡절이 많았던 책

《형사 박미옥》

박미옥 | 이야기장수

《가녀장의 시대》

이슬아 | 이야기장수

"국내 최초 강력계 여형사 박미옥 작가의 이야기입니다. 표지가 70-80년대 영화 포스터 같죠? 디자이너에게 작업을 의뢰할 때 옛날 히어로물 같은 느낌이 나면 좋겠다고 했어요. 한 여성 형사가 고리타분한 세상을 바꿔 놓은 이야기로 독자들을 초대하고 싶었거든요. 시선이 가는 표지를 만들자는 이야기장수의 지향점이 잘 드러난 작품이에요."

"이슬아 작가의 첫 소설이에요. 많은 예비 소설가들이 규모 있는 출판사에서 데뷔작을 내길 바라는데요. 제가 편집을 맡을지 논의하던 당시는 이야기장수가 이제 막 시작된 터라, 작가님이 우리 같은 신생 출판사와 함께하는 것이 망설여졌어요. 작가님을 찾아가서 나는 이 책 편집을 정말 맡고 싶고 잘할 수 있지만, 다른 곳에서 출간하는 선택도 이해한다고 전했죠. 돌아가는 택시에 올랐는데 아쉬워서 눈물이 뚝뚝 흐르는 거예요. 작가님이 곧 전화로 저와 함께하겠다고 이야기했는데, 그때 기분을 잊지 못해요."

나를 무너뜨리는 일을 좋아합니다

이연실 — 이야기장수 대표

오랫동안 에세이 편집을 해왔어요. 에세이, 어떻게 정의할 수 있을까요?

에세이란 좋은 삶을 살아온 사람이 쓰는 글이에요. 좋은 삶을 사는 사람이 좋은 에세이를 쓸 수 있다고 믿어요. 좋은 삶이란 자신의 자리에서 재밌게 살면서 얻은 행복을 주변 사람에게 나눠주는 삶이에요.

에세이의 아름다움은 무얼까요?

에세이는 출판계의 드라마예요. 누구에게나 쉽게 읽히면서 이 사람은 이런 생각도 하네, 하고 슬쩍 미소 지을 수 있는 장르죠. 친구가 자기는 요즘 책을 잘 읽지 않는다고 말한 적이 있어요. 영상은 틀어 놓으면 흘러가는데 책장은 넘길 힘도 없을 때가 많다는 거예요. 독서는 많은 힘을 들여야 하는 일이기도 하죠. 그런데 에세이는 책장이 잘 넘어가도록 손 내밀어주는 것 같아 좋아해요.

에세이 한 권은 어떻게 탄생하나요? 연실 씨만의 과정이 궁금해요.

저자를 먼저 찾는 편이에요. 인터뷰를 하면서 이 사람은 어떤 책이 될까 궁리하죠. 좋은 말 한마디를 남길 줄 아는 사람에게는 이야기가 있거든요. 출판이 결정되면 저자가 보내주는 원고를 살펴봐요. 지금 방향이 좋다거나, 다른 방향으로 써보자는 피드백을 주고요. 동시에 책의 꼴을 생각해요. 사진과 글의 배치, 폰트, 차례, 디자인 등을 궁리하는 거예요.

그다음은요?

교정교열 단계예요. 요즘은 태블릿으로 교정을 보는 편집자도 많은데요. 저는 어떤 판형이든 A3 용지에 크게 뽑고 고치면서 종이 여백에 원문을 수정한 이유를 써요. 작가에게 편지를 보내는 것처럼요. 다음엔 제목과 표지를 정하죠. 그리고 인쇄합니다. 출간 후 홍보까지 끊임없이 다른 부서와 소통한답니다.

정말 많은 사람들을 만나며 책을 만들겠어요.

책 처음이나 끝에는 '판권'이라고 만든 이의 이름이 담겨요. 거기 적힌 모든 사람을 만나는 단 한 사람은 편집자죠.

특히 제목 붙이는 단계를 중요하게 여긴다고요.

제목이 좋아서 눈이 가는 작품이 있잖아요. 좋은 제목은 원고에 숨은 그림처럼 감춰져 있어요. 저는 오로지 내용에만 집중하면서 글을 다시 읽어봐요. 저자가 강조하려고 했던 말, 울림을 주는 단어나 문장을 백지에 옮겨 적고요. 그러면 특정한 말이 눈에 들어오거나 여러 단어가 결합하면서 제목이 탄생해요.

한 사람의 삶이 담긴 글을 매만지는 일이잖아요. 쉽지만은 않을 것 같아요.

수필이 책이 되는 순간, 독자를 위한 선물 상자가 된다고 생각해요. 그래서 원고가 독자를 향해서 계속 달려갈 수 있도록 작가에게 편집 제안을 하죠. 글 한 편을 넣을지 말지를 두고 작가와 씨름할 때도 많아요. 작가에게는 중요한 이야기가 전체 흐름을 끊는다고 느껴질 때도 있거든요. 그러면 끊임없이 설득해요. 물론 제 의견이 받아들여지지 않는 경우도 있어요. 그럴 때는 작가의 뜻을 듣죠. 그분의 이름을 걸고 나오는 책이니까요.

한 사람의 기록을 세상에 전하고 읽는 일은 어떤 의미가 있을까요?
좋은 생각은 대화를 통해서 쌓여요. 나의 인생을 발신하고, 또 누군가의 이야기를 찾아 읽는다면 혼자만의 세상에 갇히지 않을 수 있어요. 상대방이 아무리 고집이 세도, 아무리 작은 사람이라도 그의 말을 들어보는 건 중요해요.

에세이를 출판하고 싶다면 무얼 소재로 이야기를 쓰면 좋을까요?
자기 이야기요. 낯설고 먼 곳에서 진짜 자신이 된다고 생각하는 사람도 많아요. 또 화려하고 큰 이야기로 나를 부풀려야 한다고 생각할 수 있죠. 하지만 내 이야기는 아주 작은 데서 출발한다고 생각해요.

작은 데서 시작한 이야기란 무얼까요?
재미없는 회사를 다니던 친구가 있었어요. 그 친구는 아침마다 같은 날짜의 조선왕조실록을 읽었대요. 달이

두 개 뜨고, 호환마마가 닥친 날도 있었죠. 그래서 상사가 힘들게 하거나 어려운 순간이 와도 '뭐, 조선에 비하면 내 일상은 괜찮네.' 하면서 지나갈 수 있었대요(웃음). 저는 이런 이야기 속에 우리가 있다고 믿어요. 작은 이야기를 매일 기록하면 나의 진짜 이야기를 발견할 수 있어요.

연실 씨도 그런 기록을 남기고 있나요?
네. 그날의 명언을 기록해요. 책이나 영화에서 나온 말, 만났던 사람과의 대화, 농담 속에서 나에게 가장 인상 깊었던 한 문장을 쓰는 거예요.

마지막 질문이에요. 편집을 왜 사랑하세요?
편집은 나를 계속 무너뜨리는 일이에요. 원고가 늦게 도착해서 이후 작업이 지연돼도, 인쇄소에서 문제가 생겨도 늘 사과하는 사람은 중간자인 저예요. 어릴 때는 "난 잘못한 게 없는데 왜 내가 미안하다고 말해야 하는 거야!" 했는데(웃음), 지금은 좋아요. 세상에 좋은 이야기를 남기기 위해서 끊임없이 고개 숙이고 나를 수정할 수 있는 사람이 되어서요. 한 권을 만들고 나면 고마운 사람들도 많이 생겨요. 모두가 사랑스럽고 빛나 보이고, 덕분에 제 인생도 재미있어지죠. 삶의 해상도가 선명해지는 기분이에요.

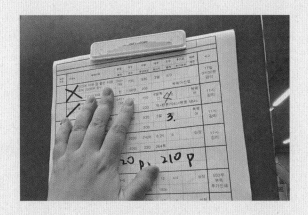

연실은 인쇄소에 갈 때 늘 인쇄기에 손을 얹고 기도한다.
"중쇄 찍게 해주세요!"

ⓒ SHOJI UEDA

'아빠와 엄마와 아이들'

모래언덕 위에 선 남자

글 이명주   자료 제공 피크닉

그가 뿌리내린 곳은 단단한 모래언덕이 자리한 땅. 앞으로는 파도가, 뒤로는 바람이 밀려오며 그의 손을 연신 카메라 셔터에 올려두던 땅. 세상의 이목과는 먼 시골 마을에서 카메라를 든 한 남자는 성실하고도 세심한 관찰자를 자처하며 보이는 것을 기록했다. 모래언덕을 펄쩍 뛰어보던 사진가 우에다 쇼지Ueda Shoji를 따라 모노크롬 세계를 응시한다.

모래와 하늘과 바다의 세계

세상 모든 기록은 결국 쓰는 이에서부터 시작된다. 어떤 의미를 담았건, 누구에게 보이건 자신의
일부분을 뚝 떼어내어 넣었기에, 기록은 그 무엇보다 쓰는 이를 또렷이 말한다. 그런 이유 때문일까,
우에다 쇼지의 사진을 보면 그가 사랑하던 것들을 알아챌 수 있다. 아내와 네 명의 자녀, 집 근처
모래언덕, 이웃들, 귓불까지 바짝 자른 머리카락을 휘날리는 동네 아이들과 바람이나 파도에 떠밀려온
잡동사니. 앉은자리에서 한눈에 볼 수 있을 법한 일상적 소재이기에 우에다의 필름에는 유달리 희소한
장면이 기록되진 않았다. 모래언덕이라는 배경과 간결한 소재, '이웃집 가족'이나 '늙은 어부'처럼
간결한 제목 아래 그저 마음속을 뭉근히 맴돌던 애정을 붙잡아 두었을 뿐이지.
1913년, 일본 돗토리현에서 나막신 사업을 하던 부모 밑에서 태어난 우에다는 어릴 적, 이웃집 청년이
집에서 사진을 현상하는 장면을 구경하면서 처음으로 '카메라'라는 기록 도구를 알게 됐다. 예술을
좋아했던 소년은 열여섯 살에 아버지한테 선물 받은 카메라로 습작을 찍었고, 학교를 졸업한 뒤엔
곧장 도쿄로 향해 몇 달간 사진을 배웠다. 말 한마디 없이도 너른 등을 내어주는 모래언덕이 그리웠기
때문일까. 어엿한 청년이 된 우에다는 대도시가 아닌 시골 작은 변방 마을인 고향에 뿌리내리기로
마음먹는다. 사진관을 개업한 뒤 만난 아내 노리에는 그의 열렬한 응원가이자 뮤즈였다. 지역의 여러
사진가들과 활발히 교류할 수 있도록 물심양면 지원했고 때때로, 실은 매우 자주 아이들과 함께
남편의 모델이 되어주었다. 바로 그 모래언덕에서.

© SHOJI UEDA

'네 명의 소녀, 네 가지 포즈'

"단순화된 모래와 하늘과 바다의 세계, 어디를 보고 어디를 골라도 모두
사진이 된다. 모래언덕은 말하자면 '빼기의 미학'이 있는 풍경의 장소다."

—우에다 쇼지

그곳은 바닷바람이 거센 탓에 만들어진 돗토리의 특별한 자연 지형이다. 방대하게만 느껴질 법한
야외 공간을 우에다는 놀이터처럼 자유로이 날아다녔다. 카메라를 들 때는 네모난 프레임 속 사람의,
동물의, 꽃과 잡동사니들의 자리를 하나씩 잡아주었고, 옆을 보거나 자전거를 타는 등 특정한
행위와 시선을 취하도록 지정하기도 했다고. '네 명의 소녀, 네 가지 포즈'(1939), '아빠와 엄마와
아이들'(1949)을 비롯하여 이렇게 탄생한 모래언덕 위 사진들은 여태까지 우에다의 걸작으로 꼽힌다.
철저히 계산된 연출 사진임에도 현실감이 사라진 배경에는 이름 모를 세계의 환상이, 시키는 대로
움직이면서도 장난스러운 표정을 숨길 수 없는 피사체에게선 사랑스러움이 엿보인다. 내 섣부른
추측대로라면, 우에다도 역시 그들과 그 세계를 애정 어린 눈빛으로 바라보지 않았을까.

나는 시골에 사는 아마추어라오

모래언덕 연작은 인물 군상뿐 아니라 정물, 풍경, 추상 등 다양한 방식으로 변주되고 확장된다.
인위적 개입 없이 우연한 스냅으로 기록하는 리얼리즘의 영향으로 '눈의 표면'(1954) 같은 작업물도
선보였으나, 시골 사람들의 담백하고도 자연스러운 삶의 모습을 담기 위해 다시금 사람과 눈을
맞췄다.

© SHOJI UEDA

'모델과 예술 사진작가들'

"도쿄에서는 팔리는 사진을 만들지 않으면 안 됐다.
도쿄에 진출했다면 나도 여성 누드와 광고 사진을
찍었을 것이다. 그러나 그만큼 빨리 망쳐버렸을
것이다. 그렇기 때문에 지방에 머무르면서 원하는
대로 찍고 싶었다. 하지만 도쿄로부터 한 발짝
물러섰다고 생각한 적은 없다."

—《브루터스BRUTUS》,
1985년 4월호 중에서

그런 우에다에게 아내의 죽음은 너무나도 쓰라렸다. 깊은 상실감에 빠져 더 이상 카메라를 들지
못하는 아버지에게 아들은 지인을 동원해 패션 브랜드 화보 촬영을 맡겨본다. 이른 나이부터
화보 작업에 뛰어드는 패션 전문 사진가들과 달리, 우에다는 무려 70세의 나이로 신인 패션
사진가가 된 것이다. 고민 끝에 걸음이 이끈 곳은 자신의 영원한 놀이터인 돗토리의 모래언덕.
오르막과 내리막길이 가뿐하던 청년이 하얗게 센 머리카락을 흩날리는 노인이 되었지만, 사진을
대하는 단정한 마음은 바랜 적 없다. 뿔테 안경을 쓴 눈 위로 이마 주름을 만들던 우에다는 마치
르네 마그리트의 초현실주의 그림처럼 환상적인 세계를 또 한 번 그려냈다.
우에다는 존경받는 사진가의 자리에 올라선 후에도 자신을 "시골에 사는 아마추어"라 불렀다.
여든일곱의 나이로 세상과 작별 인사를 나눌 때까지도 그 소개는 변함이 없었다고. 아마추어는
아주 조금 더 가볍다. 마음이 이끄는 대로 걸어봐도 손에 쥔 것이 그다지 무겁지 않다. '돈이 되는
기록'이 아니라 '남기고 싶은 기록'에 열중하는 아마추어로서의 자유와 기쁨, 열정은 대적할 만한
것 없이 값지다. 그렇다면 우에다는 자신이 그런 사람이라는 걸 어떻게 알았을까? 아마도 수북하게
쌓인 필름들, 뷰파인더 너머 상대와 진심으로 눈 맞추며 써낸 기록들이 소리 높여 말해주었으리라
짐작해 본다.

© SHOJI UEDA

'눈의 표면'

© SHOJI UEDA

자화상 '점프하는 나'

"(자신의 작업물에 대해)카메라를 통해 만난 사람에 관한 서술이며, 찍힌 사람에게는 오늘을 살아온 증거로서의 작은 전기가 되길 바란다."

—우에다 쇼지가
'작은 이야기' 연작에 대해 소개하며

그가 뿌리내린 곳은 언덕이 등을 내어주던 땅. 앞으로는 파도가, 뒤로는 바람이 밀려오며 오늘을 살아온 증거를 남기게 하던 땅. 유행하던 사조나 분파 대신 나고 자란 땅에 영원히 머물며 기록의 즐거움을 만끽하던 그를 떠올려 본다. 우에다 쇼지의 사진에선 지난날의 그와 훗날의 우리가 남아 있다.

©SHOJI UEDA

'모래언덕 위의 군상'

삶의 서사가 예술이 되는 곳, 피크닉

회현동을 찾은 사람들로 북적이는 시장 입구를 벗어나 언덕배기를 오른다. 오래된 골목에 자리한, 마찬가지로 오래된 상점과 주택들을 스쳐 지나가면 마침내 '피크닉piknic'이 보인다. 만날 때마다 사뭇 다른 표정을 띤 채, 회현 일대가 내려다보이는 자리에 뿌리 내린 피크닉에서는 현대 음악, 산업 디자인, 정원 등을 주제로 다채로운 전시가 열리는데 그중에서도 '사진 예술'을 빼놓을 수 없다. 2020년 사울 레이터, 2022년 프랑수아 알라르에 이어 새로운 해의 봄이 오기 전까지 진행될 〈우에다 쇼지 모래극장〉까지, 한 사람의 삶이 들려주는 서사를 아름답게 매만져 선보이기 때문. 특히 우에다 쇼지의 경우, 한국에서 정식으로 소개되는 것은 처음이기에 어린 시절 습작부터 모래언덕 연작, 어린이들의 초상,

정물과 후기 컬러 사진에 이르기까지 여러 시대의 대표작을 한데 아울렀다. 층을 오르내리며 사진을 감상하는 동안, 공간에는 아이들이 재잘거리며 웃는 소리, 힘껏 밀려온 파도가 지면에 닿아 잘게 부서지는 소리가 들린다. 마치 그가 되어 언덕 위에 올라선 기분이랄까. "어디를 보고 어디를 골라도 모두 사진이 된다."던 우에다의 말을 떠올리며, 기록 더미를 자유로이 누빈다.

A. 서울 중구 퇴계로6가길 30, 피크닉
O. 〈우에다 쇼지 모래극장〉 2024. 10. 12.-2025. 3. 2.
　　수-일 10:30-18:30, 월·화 휴무

누구든 마음속에 음악가의 기록 한 장을 품고 산다. 검정 물감에 적신 붓을 우아하게 털어낸 것처럼, 오선지 위에 톡톡 떨어진 음표들. 이름은 분명히 말하지 못할지라도 앞선 멜로디를 들으면 입술 사이로 새어 나오는 선율들. 무심코 들은 오래전 기록이 보통의 일상에 살아 읽히는 것에 관해 말하려 한다. 우리의 이야기는 친애하는 음악가의 손끝에서 시작된다.

Sakamoto Ryuichi
'20220207'

친애하는 음악가에게

에디터 이명주

글 김기수, 문주원, 유주연   일러스트 이한

20220207

솔직하게 밝히자면 클래식에는 문외한이다. 평소 리듬감과 개성이 뚜렷한 음악을 주로 듣는다. 말하자면 한 번에 꽂히는 음악. 그런 내가 클래식의 세계에 한 발 내딛게 된 건 사카모토 류이치Sakamoto Ryuichi의 음악 덕분이다. 그의 두터운 팬층을 생각하면, 나의 '입덕'은 매우 늦은 편이다. 영화 〈괴물〉의 엔딩 크레디트에서 'Aqua'를 들었던 순간, 알 수 없이 요동치던 이상한 마음이 기억에 박제되었다. 이후 한참 동안 하루 시작과 마무리에 그의 음악을 들었고, 도서관에서 《나는 앞으로 몇 번의 보름달을 볼 수 있을까》를 빌려 읽으며 사카모토 류이치는 나의 일상에 제대로 스며들었다. 책 마지막 장에는 그의 마지막 오리지널 앨범인 [12]에 대한 이야기가 나온다. [12]는 2021년 수술 이후 일기를 쓰듯 스케치를 기록한 음원들이다. 곡은 총 열두 곡, 이름은 모두 레코딩한 날짜를 의미한다. 지난겨울엔 이 앨범을 배경 음악처럼 들으며 지냈다. 차츰 목소리가 없는 음악에 익숙해졌다. 자극적이지 않다기보다 새로운 종류의 자극이었다. 열두 곡 중 가장 애정을 갖고 있는 건 '20220207'. 앨범을 쭉 듣다가 문득 곡 이름을 확인해 보고 싶어질 때면 늘 이 노래였다. 이어폰을 끼고 들으면 선명하게 느껴지는 숨소리(실제로는 숨소리가 아닌 페달 소리라고 한다.)와 멈췄다 다시 흐르기를 반복하는 음악의 묘한 긴장감에 빠져든다.

앨범 커버에는 평소 좋아하는 작가인 이우환의 드로잉도 실려 있기에, 이 앨범만큼은 꼭 CD나 바이닐로 소장하고 싶었다. 그러나 당시엔 꽤 웃돈을 주고 사야 하거나 배송비에만 삼만 원을 내야 하는 해외 직구뿐이었다. 그러다 얼마 전 우연히 들른 광흥창의 레코드 숍에서 문득 이 앨범이 떠올랐다. 혹시나 하는 마음에 'R'로 시작하는 코너로 찾아가 하나씩 하나씩 뒤적이는데 보이는 너무나 익숙한 그림. 빙고! 바로 내가 찾던 [12] 바이닐이었다. 그때의 행복을 잊을 수 없어 아직 비닐도 뜯지 못한 채로 방 한쪽 잘 보이는 곳에 모셔두고 있다.

요즘은 러닝용 플레이리스트로 [12] 앨범을 다시 듣는 중. 러닝할 때 왜 클래식을 듣는지 의아할지도 모른다. 나도 처음엔 BPM이 빠른 곡들을 찾아 들었는데, 곡이 계속 바뀔 때마다 자꾸만 스텝이 꼬이려 했고 페이스를 유지하기 어려웠다. 하지만 그의 음악은 내 발소리, 숨소리에도 집중할 수 있어 의외로 러닝 페이스를 유지하는 데 제격이다. 뛰는 도중 '20220207'이 시작되면 누군가 함께 숨 쉬고 있는 듯한 착각이 들기도 하고 숨을 제대로 가다듬어 보게 된다.

오늘도 그의 음악은 나의 일상에 함께하고 있다. 내가 음악을 듣고 느끼는 방식은 달라지더라도, 언제나 고요한 시간 속에서 나를 위로해 주겠지.

기록한 이

사카모토 류이치 (1952-2023)
청년의 그는 3인조 일렉트로닉팝 밴드 '옐로 매직 오케스트라Yellow Magic Orchestra'의 멤버로 재능이 풍부한 아이돌이자 배우였다. 영화 〈마지막 황제〉, 〈전장의 크리스마스〉에서는 연기와 음악 작업을 병행하며 'Merry Christmas Mr. Lawrence', 'Rain' 등 유려한 선율이 돋보이는 명곡을 만들었고, 특히 〈마지막 황제〉로 동양인 최초 아카데미 음악상을 받았다. 몇 차례의 암 투병과 회복을 오간 그는 유한한 삶에서 현재의 의미를 곱씹어 보게 되었다고. 여윈 얼굴로 피아노 앞에 앉아 백발을 부드럽게 쓸어 넘기다 한 곡을 마치고 나서야 숨을 고르던, 사카모토 류이치의 모든 것은 음악이 되어 남았다.

듣는 이

문주원
《AROUND》 마케터. 자신을 놀고 먹는 데 늘 진심인 사람이라 소개하곤 한다. 때때로 사진을 찍고 글을 쓰기도 하며, 클래식이 주는 힘을 천천히 알아가고 있다.

여섯 개의 손을 위한 로망스

"주연 씨, 피아니스트 조성진 알아요?" 스물둘, 인턴으로 시작한 첫 직장에서는 종종 클래식 FM을 틀어두곤 했다. 아마 편집장님의 취향이었을 거다. 내게 질문을 던지던 편집장님은 이어 그의 연주를 꼭 들어보라는 말을 덧붙였다. 내가 좋아할 거라면서. 줄곧 밴드 음악만 듣던 나는 퇴근길 버스에 앉아 낯선 그 이름을 검색했다. 그때는 몰랐다. 편집장님이 건넨 그 한마디로 내 클래식 음악 인생이 시작될 줄은.

스물여섯, 여전히 클래식 음악은 잘 몰랐지만 좋아했다. 그 마음을 핑계 삼아 클래식 공연 기획사에 출근도 했으니까. 입사 4개월 차가 되던 무렵, 처음으로 꽤 큰 공연을 맡았다. 세 피아니스트의 합동 공연이었는데, 한 작곡가의 작품을 각자 연주하는 형식이었다. 가을과 겨울 어디쯤의 공연 날, 무대 리허설을 위해 한 사람씩 피아노 앞에 앉았다. 얼마 지나 한 연주자가 다가와 말을 건넸다. 각자 준비한 개인 앙코르 외에 세 피아니스트가 함께 연주해 보고 싶다는 것이었다.

그는 피아노 의자 하나를 더 요청했고, 한 대의 피아노 앞에 세 연주자가 나란히 앉았다. 그리고 잠깐 정적이 흘렀다. 가장 왼쪽에 앉은 연주자가 첫 음을 시작했다. 이어 남은 두 연주자의 손이 천천히 건반 위로 올라섰다. 모든 게 서툴고 불안하여 종종대며 무대 뒤편을 쏘다니던 나도 발걸음을 멈췄다. 이상하게도 관객이 되어 객석에 홀로 앉아 있는 것 같았다. 나는 공연을 감상하듯 숨을 죽였다. 합을 맞춰보던 그들은 제법 만족스러웠는지 앙코르 곡명을 일러줬다. 세르게이 라흐마니노프Sergei Rachmaninoff의 '여섯 개의 손을 위한 로망스'. 러시아의 장대함만을 그리는 작곡가인 줄 알았는데, 이렇게 서정적인 면도 있었구나 싶었다. 실은 감탄할 겨를도 없이 곧장 무대 뒤를 다시 뛰어다녔지만.

이제는 서른하나가 되었고, 아직도 클래식 음악은 자신 없다. 대신 좋아하는 마음은 조금 더 확실해졌다. 가을과 겨울 사이를 지나고 있다. 한 해가 얼마 남지 않아서일까, 발걸음이 조급하다. 발을 동동 구르며 라흐마니노프의 '여섯 개의 손을 위한 로망스'를 꺼내 듣는다. 그러면 종종대던 발걸음이 차츰 느려지고, 홀로 객석에 앉은 사람처럼 마음이 고요해진다. 아무리 시끄럽고 어수선한 퇴근길 지하철 안일지라도 어김없이.

기록한 이

세르게이 라흐마니노프 (1873-1943)
러시아의 작곡가이자 피아니스트, 지휘자인 그는 형형한 눈빛과 굳게 다문 입가에서 진중함이 흘러나온다. 키도 무척 컸기에 한때는 '6피트의 찌푸린 얼굴'이라는 별명도 있었고. 라흐마니노프의 피아노 협주곡은 러시아가 가진 특유의 '멜랑꼴리Melancholy'가 묻어 있다고 평가받는다. 전반적으로 우울하지만 풍부한 하모니에 깔끔한 기교가 더해지면서 당대 음악가들에게도 깊은 영감을 주었다. 최근 그의 음악이 피아니스트 조성진과 임윤찬의 손으로 다시금 읽히면서 과거의 선율이 현재로, 우리들의 마음 한편으로 기록되고 있다.

듣는 이

유주연
언제나 어디서나 자기소개를 가장 어려워하는 사람. 라이프스타일 매거진에서 글을 쓰다 클래식 공연을 기획하고, 영화제에서 뛰어다니며 지냈다. 매번 자기소개에 붙이는 문장은 달라져도 꾸준히 좋아하는 것은 밴드와 클래식 음악.

Sergei Rachmaninoff,
'2 pieces for 6 hands'(2. Romance in A major)

Maurice Rave,
'Valses Noubes Et Sentimentales,'

우아하고 감상적인 왈츠

나는 지적 허영심이 많은 학생이었다. 지성은 허영으로 채울 수 없는 영역이라는 것을 깨닫고 지레 무딘 얼굴로 살아가고 있지만, 학생 때는 우아하고 점잖은 취향을 가진 어른을 꿈꿨다. 문장 해석도 버거운 고전 문학을 구매하고(읽었다는 게 아니다), 흑백 영화를 틀어놓고(봤다는 게 아니다), 맛도 모르는 커피를 주문했다(남겼다). 그러면 촌스러운 체크무늬 교복이 빳빳한 트렌치코트처럼 느껴지기도 했다. 그럼에도 영 닿을 수 없던 영역이 클래식이다. 태교를 나훈아로 해서일까, 음악 시간에 나오던 비발디는 자장가의 유사어일 뿐이었다. 봄 지나 여름 악장은 잠이 깨서 더 싫었다.

이야기 각설하고 클래식 애호가로 발전한 일대기를 풀어나가고 싶지만, 나는 케이팝에만 눈을 반짝이는 그런 어른이 되고 말았다. 그래도 어찌 좋은 감정을 복기하는 클래식 하나 정도는 갖게 됐다. 직장을 잃고 친구들과 함께 떠난 포르투에서였다. 마감 기한을 두지 않은 여행은 공원에서 일몰을 보는 것 정도가 중요한 일과다. 하루는 매일 가던 언덕 공원을 두고 이름 모를 공원에 갔다.

도시의 건물은 보이지 않았고, 잔디 사이로 레몬색 들꽃이 난개했다. 캐치볼을 하는 어린 남매와 책을 보는 중년 여자가 목소리도 들리지 않을 만큼 먼 거리에서 각자의 시간을 보내고 있었다. 우리는 호수 앞에 하늘색 천을 깔았다. 그때 왜 갑자기 클래식이 듣고 싶었을까. 매점에서 산 치아바타 때문인지, 책을 넘기는 중년에게서 떠올린 어릴 적 허영이었는지…. 휴대폰에서 무작위로 나온 노래는 고운 피아노 음률 사이로 이유 모를 불안이 감도는 곡이었다. 불완전하지만 고상한 평화로움이 주변을 감쌌다. 미래 계획이라고는 하나 없이 평화의 순간을 누리는 우리 같기도 했다. 우리는 이름 모를 공원을 평화 공원으로, 이름 모를 노래를 평화의 노래로 불렀다.

그때 들은 음악이 모리스 라벨Maurice Ravel의 '우아하고 감상적인 왈츠'다. 슈베르트의 우아한 왈츠와 감상적인 왈츠를 모델로 한 곡으로, 여덟 개의 소곡으로 구성된다. 그가 평화의 노래를 작곡한 나이가 얼추 지금의 나다. 이미 떡잎을 한참 지나던 라벨에게 이 곡이 어떤 의미인지는 모르지만, 나는 여전히 평화를 원할 때 이 음악을 듣는다. 눈 감는 날까지 동반할 고상한 불안을 왈츠처럼 품에 안고, 그저 이 순간의 평화를 누리기 위해. 해야 할 일이 쌓인 지금도 나는 평화의 노래를 듣고 있다.

기록한 이

모리스 라벨 (1875–1937)
현대 프랑스 음악을 대표하는 작곡가로, 전통적인 고전주의 형식에 기꺼이 따르면서도 말끔한 선율과 생동감 넘치는 리듬으로 음악을 지었다. 그는 어린 시절부터 스페인계 바스크인인 어머니가 불러주는 스페인 민요를 좋아했다고 한다. 그 때문인지 라벨에게는 대표 곡으로 꼽히는 '볼레로'를 비롯하여 이국적인 정취가 담긴 음악 기록이 많다. 노년을 맞은 라벨은 자동차 사고 후유증으로 더 이상 음을 읽고 기억하거나 악보를 그리는 일이 어려워졌고, 회복을 위한 수술 중 결국 깨어나지 못했다. 머릿속에 담긴 수많은 악상을 오선지 위에 그려내지 못해 비통했을 그의 심정에 못내 마음이 아리다.

듣는 이

김기수
공간 플랫폼 '헤이팝' 에디터. 먹고 노는 데 관심이 많다. 사실 음악은 클래식보다 케이팝이 좋고, 맛집은 오래된 곳이 좋다. 노포에 관한 에세이 《한참이 지나도 유효한 사랑》을 썼다.

기록의 이름은 바르다

글 이명주

ⓒ 〈아녜스 바르다의 해변〉

〈행복〉이 연인의 끝에서 재회한 〈5시부터 7시까지의 클레오〉가 물음에 답하는 〈아녜스 바르다의 해변〉.

그 사람을 무어라 부를 수 있을까.
누벨바그 유일의 여성 영화감독이자
사진가, 투쟁하는 존재 곁에서 응원과
유머를 더하던 예술가, 'AGNES V.'라
쓰인 접이식 의자에 앉아 "컷!"을
외치다가도 벌떡 일어나 프레임 속으로
들어가던 개척자…. 그럴싸한 수식을
하나씩 붙여보지만 그 사람은, 그의
기록에는 바르다라는 이름뿐이면
충분하다.

ⓒ 〈행복〉

아녜스가 말하는 바르다

3층까지 관객이 들어찬 대극장. 수백수천 개의 시선은 무대 중앙으로 쏠린다. 그 가운데 놓인 건 'AGNES V.'라 적힌 접이식 의자 하나뿐. 웅성거리던 공간은 나이가 지긋한 한 여성이 들어서니 고요해진다. 가로로 반을 나눠 은색과 붉은색으로 물들인 단발머리와 대화를 나누는 상대를 분명히 바라보는 진회색 눈동자, 그는 아녜스 바르다이다. 아녜스가 그날 그 무시무시한(적어도 나에게는 그렇다.) 무대 위에 올라선 건 바르다를 말하기 위해서다. 자신의 기록으로 자신을 말하기 위해, 객석을 채운 이들에게 감사를 전하던 그가 이윽고 말문을 연다. 숱한 해를 거듭하며, 영화를 만드는 일을 할 수 있도록 이끌어준 것이 있다며.

"저한텐 세 가지가 중요합니다. 영감, 창작, 공유죠. 영감이란 '왜 영화를 만들까? 어떤 동기, 어떤 생각, 어떤 상황, 어떤 우연이 욕구를 낳아 영화란 일을 하게 할까?' 창작이란 '어떻게 만들까? 어떤 방법과 구성이 좋을까? 혼자 할까, 컬러로 할까?'처럼 실제 작업을 말하죠. 셋째는 공유입니다. 영화는 혼자 보는 게 아닌 보여주는 거니까요. 지금 여러분이 공유의 실례예요."

이어서 바르다는 〈얀코 삼촌〉, 〈아녜스 바르다의 해변〉, 〈방랑자〉 등 자신이 만든 필름 몇 가지를 꼽아 호명하며 그 안에 담긴 의미를 돌아본다. 바르다와 함께 일컬어지던 '누벨바그Nouvelle Vague' 영화 사조는 관습적인 제작 시스템에서 벗어나 생동감을 가진, 나아가 낯설고도 날것의 느낌인 창작물을 추구했다. 정형적인 프레임을 벗어나고자 하는 시대임에도 영화를 만드는 '여성'으로서 존재가 불리지 않는 날도 많았지만 연대와 존중, 유머를 벗 삼아 꾸준히 카메라를 들었다. 바르다는 같은 장면을 조금씩 다른 모습으로 반복하는 컷을 즐겨 썼고, 관객 곁에 있고 싶다는 바람으로 불쑥 내레이션을 하기도 했다. 밝던 장면이 점차 어두워지는 '페이드 아웃Fade-out' 기법에서는 검정이 아닌 파랑, 빨강, 보라 같은 (지극히 나의 주관적인 표현으로는) '당황스러운' 색을 사용해 시선을 환기했다. 이야기를 만드는 일에 정도正道가 없다는 걸 당연하게 여기던 바르다는 영화 인생 65년간 영감과 창작, 공유에 거침없었다. 나를 잃는 것은 상상보다 쉽다. 생각을 기록하지 않고 마음의 말과 다르게 행동하며, 기다림을 영원한 미덕이라 여기며 움직이지 않는다면 나다움은 요원해진다. 바르다는 이념이 충돌하는 세상의 와중에도 자신을 잃지 않고 무던히 찍어냈다. 다큐멘터리 〈아녜스가 말하는 바르다〉 속 그의 말을 빌려 두 편의 영화를 회상한다.

ⓒ〈아녜스가 말하는 바르다〉

5시부터 7시까지 클레오

오후 5시. 운명을 점치고 싶은 클레오는 타로 카드 한 장을 뽑아 점술사에게 내민다. 뒤집는 순간
보이는 건 커다란 낫을 든 해골. 바닥에는 사람의 머리와 손발이 나뒹군다. 점술사는 차분한
목소리로 카드의 의미가 '죽음'이 아닌 '큰 변화'라 말하지만, 방금 의사에게 검진을 받고 최종
진단을 기다리던 클레오는 사색이 된다. 죽음에 겁을 먹은 탓인지 눈에 보이는 모든 것(이를테면
번호판이나 새로 산 모자, '건강'이라는 간판까지)이 전부 죽음의 상징으로 느껴진다. 한순간에 공허해진
몸을 간신히 부축하며 비참함과 두려움에 잠겨 영겁을 보내지만, 실은 채 30분도 흐르지 않았다.
거기다 중요한 건 아직 불치병이라는 진단도 나오기 전. 그 사실과 더불어 클레오는 가장 예측하기
어려운 게 인간의 삶이라는 걸 잊은 듯하다.

ⓒ〈5시부터 7시까지 클레오〉

"한 편의 영화가 가진 총체성이 있어요. 문학에서는
'문체'라 말한다면, 저는 영화에서는 '영화 쓰기'라고
말해요. 영화를 만들어가는 내내 내린 결정들의 집합이죠."

영화가 만들어진 1960년대는 수많은 공포가 도사렸다. 특히 병과 죽음을 향한 두려움이 컸다는데,
뜯어보면 '알지 못하는 것'에 대한 두려움 아닐까 싶다. 때때로 인간은 모르기에 통제할 수 없는
사실과 감정이 한데 뒤섞이며 중심을 잡기 어려운 상황을 맞이한다. 시각과 분, 초 단위로 계산할 수
있는 객관적 시간이 분명히 존재하지만, 마구 흔들리는 와중에는 나와 다른 이들의 시간이 다르게
흘러가는 것처럼 느낀다. 바르다는 클레오의 객관적, 주관적 시간을 한데 아울러 표현하기 위해
그녀가 계단을 내려오는, 안뜰을 걷는, 거리를 가로질러 공원으로 향하는 내내 편집을 최소화하기로
했다. 열 걸음을 걸었다면 그 모든 걸음을 필름에 담았다. 바르다에게 멀리 보는 것은 자신다운 '영화
쓰기'가 아니었다. 등장인물과 관객에 가장 가까운 자리에 서 있기로 결정했기에, 쉽게 좌절하고 또
쉽게 행복을 말하는 클레오가 어느 날의 자화상처럼 닿는다.

행복

"인상파 회화의 우울함은 어디서 나오는 걸까 궁금했죠.
일상의 행복한 장면인데 모차르트를 들으며 그 속에서 죽는
상상을 했어요. (이 영화는) 각본도 촬영도 금방 끝났어요.
짧은 우리 여름의 선명한 빛처럼요."

ⓒ〈행복〉

부드러운 햇살이 풍성하게 내리쬐는 곳에서 아이와 손을 잡고 걷는 남자와 여자. 남편 프랑수아는
아내 테레즈, 귀여운 아이들과 함께 소소한 기쁨을 누리며 산다. 주말에는 근교로 나가 숲속에서
낮잠을 청하고 아내와는 변함없는 사랑을 나눈다. 여기까지만 본다면 더할 나위 없는 행복이라
감히 말하고 싶을 정도다. 그러나 이 이야기는 비극이다. 프랑수아는 우체국 직원인 에밀리와 사랑에
빠져 두 배의 행복을 얻지만, 테레즈는 다르다. 테레즈가 죽음을 선택한 후, 행복한 아내이자 엄마의
자리는 에밀리가 채운다. 행복하지 않은 사람은 프레임에서 빠져야만 하는, 그 빈자리를 아무도
문제 삼지 않는 모습은 새로운 종류의 공포 영화처럼 느껴진다. 모든 장면이 너무나 아름답지만,
그렇기 때문에 기괴하다.

이제는 고리타분하게 느껴질지도 모르는 오래된 행복을 떠올려 본다. 남녀의 사랑, 자연을 즐기고
귀엽게만 쑥쑥 크는 아이들, 햇살과 초록이 풍부한 땅에서 보내는 여가까지. 〈행복〉에서 바르다는
고전적인 행복의 전형을 드러내기 위해 인상파 화가들이 세상을 그려내는 시선을 빌렸다. 그리곤
현실에서 보기 드문 갈등과 인내와 고통이 없는 영화 속 아름다운 가정을 '창조'했다. 그 아름다움에
깜빡 속아 불평을 늘어둔 관객이 많았는지, 바르다는 〈행복〉을 말할 때 자신의 모든 영화가 잘된
건 아니라며 소개하곤 했다. "예쁜 여름 복숭아지만 안엔 벌레가 있다."는 말도 함께. 시각적인
즐거움에만 몰두하는 관객들의 기대를 기꺼이 배신한 바르다는 질문을 던지고 싶었던 게 아닐까.
충실한 행복은 무엇인지, 행복을 카메라에 담을 수 있는지, 그렇다면 행복이라 판단하고 기록할
권리가 우리에게 있는지. 자신의 기록을 통해 현실과 문제의식을 교묘하게 휘저어 두면서도,
질문을 던지는 일에 절대 게으르지 않은 사람이 바로 바르다니까. 아름다움을 한 꺼풀 벗겨낼 용기를
그에게, 벗겨낸 그 자리를 응시할 수 있는 힘을 그의 기록에서 얻는다.

빈 곳을 메우는 사람

글 차의진

자료 제공 열화당

때때로 궁금하다. 왜 어떤 사람들은 쓰지 않고 살아갈 수 없는지. 다녀간 자리마다 문장과 부호 새기기를 왜 호흡처럼 중요하게 여기는지. 그럴 때 나는 존 버거John Berger의 말을 떠올리곤 한다. "애쓰지 않으면 아예 말해지지 않을 위험이 있는 것들"을 말해야만 한다는 직감이 그가 글을 쓰게 만들었다고. 그는 자신이 대단한 작가가 아니라 그저 빈 곳을 메우는 사람이라고 말한다.

© 장 모르Jean Mohr

사진, 다르게 보기

《사진의 이해》

ⓒ장 모르Jean Mohr

존 버거가 거침없이 보티첼리의 '비너스와 마르스' 복제품을 칼로 잘라낸다. 그는 조각이 된 작품을 대량으로 찍어내는 모습을 보여주며, 현대 사회의 복제가 어떻게 원본의 의미를 잃게 만드는지 설명한다. 예술을 보는 도발적인 시선으로 큰 파장을 일으켰던 이 미술 비평 TV 프로그램의 제목은 '다른 방식으로 보기'. 동명의 에세이는 그의 대표작이 되었고, 이 어구는 존 버거의 시선을 설명하는 한 문장으로 자리 잡았다.

그는 여러 수식어를 지닌 사람이다. 미술비평가, 소설가, 부커상 수상자, 화가, 농부…. 여러 언어로 불리지만 그는 쓰고 그리는 일에 뿌리를 단단히 두었다. 존 버거가 현대 미술과 사회를 날카롭게 바라보며 다양한 형태로 남긴 기록을 읽다 보면, 마치 그가 독특한 시선을 선물하는 듯하다. 그의 렌즈로 예술을 보면 그저 심미적인 감상이 일어나기보다, 만든 이의 숨은 목적과 작품에 담긴 사회적 맥락을 의심하게 된다.

그가 사진에 관해 말했던 바를 기억한다. 존 버거에 따르면 혁명가 체 게바라의 시신을 찍은 장면은 누군가가 죽었다는 사실 자체가 아닌, 반대 세력을 향한 제국주의의 경고다. 보이는 것이 보이지 않는 것들을 불러내는 순간. 존 버거는 관찰하기도 기록하기도 어려운 그 순간을 글로 옮겨, 세계의 빈틈에 슬며시 끼워둔다.

우리는 사진을 예술 작품처럼, 혹은 특정한 진실에 대한 증거처럼, 초상화처럼, 뉴스처럼 생각한다. 각각의 사진은 현실에 대한 총체적 관점을 시험하고, 확정하고, 구성해나가는 수단이다. 따라서 이데올로기 투쟁에서 사진의 역할은 매우 중요하다. 그렇기 때문에 우리가 사용할 수 있는 무기, 그리고 우리를 향하고 있는 무기를 이해할 필요가 있다.

— P35

화가가 자신이 묘사하는 사건들의 흐름을 조작하듯이 영화감독은 시간을 조작할 수 있다. 스틸 사진을 찍는 사진가는 그렇게 할 수 없다. 그가 내릴 수 있는 유일한 결정은, 어떤 순간을 따로 떼어내 보여 줄 것인가 하는 것뿐이다. 하지만 겉보기로는 제약으로 보이는 이것이 사진가만의 독창적인 권력을 부여한다. 보이는 것이 보이지 않는 것들을 불러낸다.

소설, 현실과 허구의 경계를 흐리며

《A가 X에게》

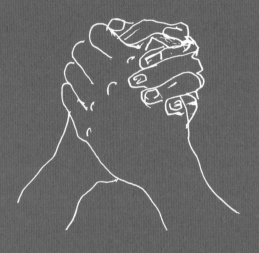

화자의 이름은 아이다. 그의 연인 사비에르는 반정부 테러 조직을 결성했다는 혐의로 이중종신형을 선고받아 감옥에 갇혔다. 이중종신형이란 생이 끝날 때까지 징역을 살고, 죽음 이후에도 시체가 감옥 밖으로 나갈 수 없는 형벌이다. 아이다와 사비에르는 결혼 관계가 아니기에 면회가 불가능하고, 오로지 편지로만 안부를 물을 수밖에 없다. 존 버거는 연인의 오래된 편지 뭉치를 감옥에서 발견했다는 말로 소설을 시작한다. 현실과 소설의 경계가 흐려지며 시작된 이 이야기는 두 사람의 편지를 엮었다.

미술 비평만 보면 존 버거는 예리하고 딱딱한 작가로 보인다. 그러나 그가 노년까지 멈추지 않았던 일은 소설 쓰기로, 그의 섬세하고 부드러운 면모를 발견할 수 있는 기록이다. 부커상을 받은 《G》, 《우리 시대의 화가》, 《코커의 자유》 등 그가 창작한 이야기도 여러 권. 노동, 여성, 사회 운동 등 그가 깊이 관심을 둔 존재들이 주로 소설의 주인공이 되었으며, 주제 또한 사회 문제와 맞닿아 있다. 그의 작품 중 내가 가장 아끼는 소설, 《A가 X에게》의 일부를 옮겨둔다.

> 사람들은 비밀은 아주 작은 거라고 생각하잖아요, 그죠? 소중한 보석이나 날카로운 돌이나 칼처럼, 작아서 숨길 수 있는 무엇이라고 말이에요. 하지만 아주 큰 비밀들도 있어요, 너무 크기 때문에 직접 팔로 그 크기를 재어 보지 않은 사람들에겐 숨겨진 채 남아 있는 그런 비밀들. 그런 비밀들은 바로 약속들이에요.
>
> — P212

절망적인 현실 속에서도 이들은 저항한다. 서로를 향한 사랑을 놓지 않고, 각자의 자리에서 할 수 있는 최선을 다하면서.

> 당신의 편지를 다시 읽고 당신의 따듯함이 내 몸을 감싸면, 어느새 당신이 쓴 말들은 먼 과거가 되고 우리는 함께 그 말들을 돌아보죠. 우리는 미래에 있어요. 알 수 없는 미래가 아니에요. 우리는 이미 시작된 미래 안에 있어요. 우리는 우리의 이름을 딴 미래 안에 있는 거예요. 내 손을 잡아요. 나는 당신 손목에 있는 상처에 입을 맞춰요.
>
> — P47

드로잉, 미지의 것에 가까이 다가서는 방법

《벤투의 스케치북》

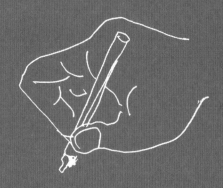

우리 같은 드로잉을 하는 사람들은, 무언가를 다른
이에게 보여 주기 위해서가 아니라, 보이지 않는
무언가가 계산할 수 없는 목적지에 이를 때까지
그것과 동행하기 위해 그림을 그린다.

— P15

존 버거는 문자만을 기록의 도구로 사용하지 않았다.
글만큼이나 그에게 익숙했던 도구는 바로 드로잉. 화가에서
비평가로 전향한 뒤에도 그림을 붙들었다. 가상의 화가
'벤투'가 되어 그린 작품들과 글을 함께 수록한《벤투의
스케치북》에서 존 버거는 드로잉하는 목적을 이야기했다.
그가 남긴 말의 의미를 가만히 헤아려본다. 그가 무언가를
그린다면 대상의 크기나 형태를 그대로 재현하기 위함이
아니라 그것이 품은 아름다움과 그의 시선으로 재해석한
의미, 즉 "보이지 않는 무언가"가 계산할 수 없는 목적지에
이를 때까지 동행하기 위함이다. 그 목적지는 감상자의
개인적인 경험과 결합되어 마음에 떠오르는 심상처럼,
존 버거가 드로잉하는 동안에는 계산할 수 없는 것이다.
그는 직접 그린 작품을 소설과 에세이에도 종종 수록했다.

《A가 X에게》는 아이다가 그린 손이 나온다. 편지를 쓰는
손, 마주 잡은 손. 한때 사비에르를 만지던 그녀의 손이다.
연인에게 영원히 닿을 수 없는 한 여자가 그것을 그리는
마음은 어떠할까. 존 버거의 드로잉은 서로를 간절히
원하는 두 사람을 애틋한 방식으로 표현했다.

그려지는 대상에 더 가까이 다가가려는, 그
대상의 자아 안으로 들어가려는 공생의 욕망이
있고, 동시에, 그리는 이와 대상 사이에 내재한
거리에 대한 통찰도 있다. 그런 드로잉은 은밀한
재회이면서 동시에 이별이 되려 한다! 무한히
교차하는 재회와 이별.

— P162

아직 언어로 설명되지 못한 무언가를 말하기 위해 기록하는
사람. 존 버거가 남긴 이야기에 손을 얹고 다시 생각한다.
내가 애써서 말하고 싶은 그것은 무엇인지. 식지 않는
동력으로 늘 책상으로 향했던 거장의 마음을 떠올리며
다시 그의 책을 들여다본다.

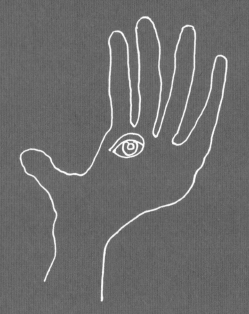

나의 글쓰기 선생님은 유명한 수필가다.
사실 선생님을 직접 뵌 적은 한 번도 없다.

글 차의진   자료 제공 태학사

나의 글쓰기 선생님께

《수필문학입문》

안녕하세요, 선생님.

처음으로 편지를 씁니다. 제 이름도 얼굴도 모르시겠지요. 본 적도 없는 사람이 무턱대고
제자라고 나서니 당황스러우실 법도 합니다. 선생님께 가르침을 받겠다고 마음대로 선언한
건 취업준비반 시절 대학교 도서관을 배회할 때였습니다. 좋아하는 건 문장을 쓰는 일뿐
이외의 분야는 흥미도 관심도 없었기에, 나는 무얼 하며 살지 고민만 안고 책 속으로 도망갔던
날입니다. 그날은 유독 오래된 문학가들의 문장을 읽고 싶었습니다. 글로 생계를 유지하기
어려웠던 시절에도 펜을 놓지 않았던 어른들에게 따끔한 훈계를 듣고 싶었던 것 같습니다.
책들 사이에서 우연히 선생님 책을 뽑아 들었습니다. 제목은 《수필문학입문》이었지요. 수필
쓰는 법을 알려준다니 마음이 끌렸습니다. 더군다나 〈방망이 깎던 노인〉, 〈곶감과 수필〉을 쓴
치옹痴翁 윤오영 선생님 글이라니요. 호기심으로 책장을 넘기니 선생님은 제가 꼭 듣고 싶던
말로 포문을 열었습니다.

> 그들은 이미 수필에 대한 많은 선배들의 말을 들었을 것이다. (중략) 통찰과 달관과 예리한
> 관찰력이 필요하다든가, 붓 가는 대로 누에가 실을 뽑듯 써 나가라고 한다. 그러나 붓은
> 가기는커녕 좀처럼 말을 듣지 않고 차라리 누에라면 뽕이라도 잔뜩 먹어본다지만, 그도
> 못하는 인간이 어떻게 해야 실을 뽑을 것인가. (중략) 잘 되면 문학이요, 못되면 잡문이라면
> 어떻게 해야 잡문이 아니 되고 문학이 되는 것인가. 더욱이 박학이어야 하고 인생 체험의
> 축적이 풍부해야 한다니, 젊은 청년으로서는 애당초 단념하고 인생의 낙조를 바라보는
> 노경을 기다려야 할 것인가.
>
> —P12, 〈서설〉 중에서

저는 제 글과 훌륭한 수필가들의 문장을 비교하곤 했습니다. 그들의 문장에는 관록이
깃들었고 어쩜 삶을 이렇게 운치 있게 살아낼까 싶은데, 제가 쓴 문장은 개인적인 중얼거림에
불과해 보였으니까요. 무언가를 많이 보고 듣고 경험해야만 그런 글을 쓸 수 있는지, 수필은
더 나이가 들면 자연스레 체득하는 기술인지 궁금했습니다. 저 같은 젊은이들이 수필 쓰는
법을 알려달라며 이미 선생님을 찾아오곤 했기에, 선생님은 해답을 책에 적어두셨습니다.

> 희세의 대작은 타고난 천재라야 한다. 그러나 천재란 백년에 하나 억만 인에 하나다.
> 그 밖에는 어느 정도의 소질만 있으면 노력의 여하로 결정되는 것이다. 그러면 어느
> 정도의 소질을 어떻게 아나. 수필을 사랑하고 수필을 쓰고 싶어 하는 사람이면 그 소질은
> 이미 있는 것이다. 그러면 그 방법이란 무엇인가. 독서와 습작이다.
>
> —P13, 〈서설〉 중에서

선생님의 시선으로 본다면 저는 이미 수필가가 되기 위한 소질을 갖췄습니다. 그러나 중요한
부분도 알려주셨습니다. 수필은 자유로운 산문이지만, "어디까지나 문학작품으로서의
자유로운 산문"이라고요. 아무리 훌륭한 철학을 설파해도 비문학적인 문장으로 가득하면
수필이 아닙니다. 붓 나가는 대로 휘갈긴 잡문도 수필이 아닙니다. 수필이 되려면 문학적 표현
형식과 정서를 갖춰야 합니다.

그제서야 알았습니다

왜 선생님 시대의 작가들이 남긴 글이 오래 사랑받는지를요. 제가 사는 오늘날은 수필이
많은 오해를 받기도 합니다. 아무래도 괜찮다며 위로만 늘어놓거나, 일단 다 그만두고 어디든
떠나면 된다는 이야기가 많은 까닭입니다. 저는 수필이 그런 평을 듣는 것을 지켜보기가 무척
속상합니다. 수필은 작품 속 이미지를 읽는 이의 마음에 선연히 띄우고, 작가마다 다른 문세와
문정에 취해보게 만드니까요. 그래서 선생님이 수필의 아름다움을 말할 때가 좋습니다. 특히
수필을 곶감에 비유한 이야기를 좋아합니다.

> 감나무에는 아름다운 열매가 무럭무럭 자라고 있다. 그 푸른 열매가. 그러나 그 푸른
> 열매는 풋감이 아니다. 늦은 가을 풍상을 겪어 모든 나무에 낙엽이 질 때, 푸른하늘 찬서리
> 바람에 비로소 붉게 익은 감을 본다. 감은 아름답다. 이것이 문장이다. (중략) 그러나 감이
> 곧 곶감은 아니다. (중략) 그 껍질을 벗겨서 시득시득하게 말려야 한다. 여러 번 손질을
> 해야 한다. 그러면 속에 있던 당분이 겉으로 나타나 하얀 시설이 앉는다. 만일 덜 익었거나
> 상했으면 시설은 앉지 않는다.
>
> —P176, 〈수필의 성격〉 중에서

선생님은 수필이 고치고 또 고치는 글이라고 하셨습니다. 글감이 내 안에서 충분히 익고
여러 번 다듬어져 곶감이 될 때 비로소 읽을 만한 아우라를 낸다고 이야기하셨지요. 시류에
훌쩍 올라타 뚝딱 만들어낸 책은 풋감과 같을 것입니다.

> 곶감의 시설은 수필의 생명과도 같은 수필 특유의 것이다. (중략) 이른바 정서적·신비적
> 이미지가 아닐까. 이 이미지를 나타내는 신비가 수필을 둘러싸고 있는 놀과 같은 무드다.
> 수필의 묘는 문제를 제기하되 소설적 테마가 아니요, 감정을 나타내되 시적 이미지가
> 아니요, 놀과도 같이 아련한 무드에 싸인 신비로운 정서에 있는 것이다.
>
> —P176, 〈수필의 성격〉 중에서

저는 수필의 시설을 맛보기 좋아합니다. 피천득 시인의 〈시골 한약방〉과 〈장미〉는
포근하면서도 쓸쓸한 정취가 느껴져 쌉싸름한 맛이 납니다. 이병기 선생의 《가람문선》 서문은
한입 베어 물면 입안에 향기가 가득 번질 것만 같습니다.

무얼 어떤 마음으로 써야 할까요?

소재는 거창할 필요가 없다며 일상 속 빛나는 작은 보석을 건져내는 일이 수필 쓰기라셨지요.
제 삶은 글로 옮기기에는 특별할 것 없고 고요하다 여겼습니다. 선생님의 시선을 알고 난
후에는 잠시 멈춰보는 순간이 많습니다. 그렇게 제 주머니에는 작은 돌이 하나둘 늘어갑니다.
돌을 굴리면서 나는 이야기해 줄 것이 많은 사람이라고 생각하면 금세 행복해집니다.

> 평범한 생활 속에 묻혀 있으면서 아무도 발견하지 못한 것을 발견하면 참신한 수필이
> 될 수 있다. 소설이나 시에서 거두지 못한 것, 이것을 소재로 한다. 그러나 가치 있는
> 것이라야 한다. 그러면서도 드러나지 않고 숨어 있는 것을 발견한다. (중략) 내가 발견하고
> 내가 거두어 두지 아니하면 건져 줄 이 없는 가치, 버릴 수 없는 인생의 향기, 수필의
> 소재는 여기 있다. 될 수 있으면 이런 소재를 발견하고, 이런 소재를 찾으면 이미 반은
> 성공이다.
>
> —P24, 〈소재의 선택〉 중에서

글 쓰는 생활은 부지런합니다. 소소한 일상을 즐겁게 살아내며 이야기할 거리를 자주
모아둡니다. 평범한 하루에서 반짝이는 무언가를 발견합니다. 재료를 수집하면 의자에 엉덩이
붙이고 앉아 열심히 씁니다. 더 잘 쓰기 위해서 여러 수필가의 글을 읽고 좋은 점과 아쉬운
점을 나름대로 생각해 봅니다. 이 모든 일의 동력은 쓰고 싶은 마음입니다.

> 수필에는 버려야 할 평범이 없다. 평범이 그대로 수필인 까닭이다. 그러자면 수필가는 그
> 자신이 수필이어야 하며 생활 그 자체가 글이어야 한다. 글을 떠나서 생활이 없고 생활을
> 떠나서 글이 따로 있지 않다. 필자는 이런 사람이야말로 진정한 수필가요, 또 문사의
> 생활이라고 생각한다.
>
> —P24, 〈소재의 선택〉 중에서

선생님은 어떻게 평생 글을 쓰셨는지 생각해 봤습니다. 아마 선생님이 곧 수필이었기
때문이겠지요. 저는 책을 만나고 얼마 지나지 않아 쓰는 일을 업으로 삼게 되었습니다.
여전히 바쁘다는 이유로 글을 게을리합니다. 그럴 때마다 선생님을 떠올리며 묻습니다.
윤오영 선생님, 저라는 사람은 얼마큼 수필이 되었나요? 지금은 없는 당신께 평생 묻게 될
질문입니다.

"오랫동안 많은 사람에게 널리 읽히고 모범이 될 만한 문학이나 예술 작품." 마음에 깊게 남은 책 한 권을 떠올리며 고전이라는 단어의 뜻에 끄덕여본다. 원고 뭉치에서 출발한 하나의 기록은 문화의 벽을 훌쩍 뛰어넘고 세계 곳곳의 독자들에게 사랑받으며 어느새 여러 얼굴을 갖췄다. 이야기의 가치를 발견한 출판사들이 저마다 마음을 실어 새 옷으로 단장한 덕분이다. 이곳에 놓아둔 여섯 권은 그러한 기록의 예다. 우리의 사랑을 듬뿍 받은 책, 앙투안 드 생텍쥐페리Antoine de Saint-Exupéry의 《어린 왕자》다.

그 책의 얼굴을 아나요?

글 **차의진**

자료 제공 문예출판사, 문학과지성사, 문학동네, 비룡소, 시공주니어, 열린책들

1943년, 한 프랑스 공군 비행사의 손에서 탄생한 소설은 그가 평생 가보지 못한 대륙과 도시에 뿌리를 내렸다. 소설의 주인공은 작은 행성 'B-612'에 사는 어린 왕자. 그가 들려주는 순수하고 신비로운 이야기는 300개가 넘는 언어로 번역 출간되었다. 《어린 왕자》가 한국에 처음으로 소개된 때는 1956년. 불문학자 안응렬 교수가 한 신문에 번역본을 연재하면서부터다. 이후 문예출판사의 손을 거쳐 1972년 단행본이 출간되었고, 300여 곳이 넘는 출판사에서 새롭게 책을 펴냈다지. 저마다 다른 개성을 지녔기에 《어린 왕자》 수집이 취미인 이들도 적지 않다. 하나의 이야기, 여섯 권의 책. 같은 문장, 다른 번역. 각각의 면면을 살피다 보면 내게 꼭 맞는 어린 왕자가 손을 흔들 것이다.

소설 너머의 이야기가 궁금하다면

국내 최초로 《어린 왕자》 단행본을 발간한 문예출판사가
작가 탄생 120주년을 맞이해 선보인 '갈리마르 에디션'.
프랑스어 초판본을 만든 갈리마르 출판사éditions
Gallimard에서 출판 70주년을 기념해 제작한 판본을
한국어로 번역한 것이다. 작가의 소장품 사진과 지인들의
회고록, 《어린 왕자》에서 삭제된 미공개 원고가 수록되어
소설을 더욱 풍성하게 즐길 수 있다.

> "내 비밀이 이거야. 아주 간단해.
> 오로지 마음으로 보아야만 잘 보인다는 거야.
> 중요한 건 눈으로는 보이지 않는 거야."

정장진 옮김 | 문예출판사

어린이도 어른도

《어린 왕자》가 사랑받는 이유 중 하나는 동화지만
어른에게도 묵직한 울림을 준다는 점이다. 어린이책 전문
출판사 비룡소는 2000년, 생텍쥐페리 탄생 100주년을
맞아 아이와 어른 모두 즐겁게 읽기를 바라며 이 책을
출간했다. 표지에는 등장인물 조종사가 자신이 주인공을
그린 초상화 중에서 가장 마음에 든다고 표현한 작품이
실렸다.

> "잘 가. 참, 내 비밀을 말해 줄게. 아주 간단한 건데…
> 그건 마음으로 보아야 잘 보인다는 거야. 가장 중요한
> 것은 눈에 보이지 않는 법이야."

박성창 옮김 | 비룡소

색다른 표지로 보기

《어린 왕자》(교보문고 특별판) 표지에는 흔히 주인공의
모습이 실리지만, 열린책들은 책 속에 등장하는 '코끼리를
소화하는 보아뱀'을 담았다. 더는 보아뱀을 보지 못하는
어른들, 즉 보이지 않는 중요한 것들을 잊은 사람들이
이 그림을 통해 동화의 아름다움을 곱씹어 보길 바랐다고.
금색 카드집에 꽂힌 검은색 필름을 옆으로 밀면 모자와
보아뱀이 교대로 나타나며 그림이 변한다.

> "내 비밀은 이거야. 아주 간단해.
> 마음으로 보아야만 잘 보인다.
> 중요한 것은 눈으로는 보이지 않는다."

황현산 옮김 | 열린책들

삽화의 재해석

《어린 왕자》에는 생텍쥐페리가 직접 그린 삽화를
그대로 수록하는 경우가 대다수지만, 이 책은 조금
다르다. 아동문학계에서 최고 권위를 인정받는 알마상,
안데르센상에 노미네이트된 이탈리아 삽화가 베아트리체
알레마냐Beatrice Alemagna의 그림이 실린 것. 처음 보는
어린 왕자의 모습을 감상하다 보면 익숙한 B-612 별이
낯선 풍경으로 다가온다.

> "잘 가. 비밀을 말해 줄게. 아주 간단해.
> 마음으로 보아야 잘 보인다는 거야.
> 중요한 것은 눈에 보이지 않아."

정연복 옮김, 베아트리체 알레마냐 그림 | 시공주니어

자수로 꾸민 이야기

한 땀 한 땀 자수를 놓은 어린 왕자도 등장했다. 프랑스
유학 중이던 민혜숙 작가는 그저 어린 왕자가 좋아서
책을 읽으며 2년 동안 수를 놓았다. 문학과지성사는
자수 조각을 모아 새로운 판본으로 선보였다. 작품에
대한 애정을 원동력 삼아 창작자들이 자신만의 방법으로
이야기를 다시 표현한다니, 《어린 왕자》가 얼마나
큰 사랑을 받고 있는지 알 수 있는 대목이다.

> "잘 가. 내 비밀은 이거야.
> 마음으로 보아야 잘 보인다.
> 정말로 중요한 건 눈에 안 보인다."

이경혜 옮김, 민혜숙 자수 | 문학과지성사

이야기가 책 밖으로 나온다면

원전의 아름다움을 색다르게 표현하고자 제작된 팝업북.
아르헨티나의 팝업북 아티스트 제라르 로 모나코Gerard
Lo Monaco가 3년여에 걸쳐 제작한 것을 문학동네가
한국에 소개했다. 바오바브나무가 책 밖으로 튀어나올
듯 펼쳐지고, 모자 그림을 열면 코끼리를 삼킨 보아뱀이
나오는 등 정교한 장치가 읽는 재미를 더한다.

> "그럼 비밀을 가르쳐줄게. 아주 간단한 거야.
> 오직 마음으로 보아야 잘 보인다는 거야.
> 가장 중요한 건 눈에 보이지 않아."

김화영 옮김, 제라르 로 모나코 제작 | 문학동네

ⓒ트롤스페이퍼

펜과 종이를 붙든 고요한 순간. 내가 쥔 도구를 만든 이는 무수한 시간
동안 나를 떠올렸다. 나는 어떤 색과 질감을 좋다 여길지, 평소 사용하는
문구와의 조화는 어떨지. 섬세한 마음은 쓰는 이에게 결코 감춰지지
않는다. 기록자를 다정히 살펴 만든 도구들, 그 세심한 예술을 소개한다.

나를 헤아리는 문구

에디터 차의진

자료 제공 **트롤스페이퍼, 아쎄스튜디오, 플래그**

종이의 결을 쓸어보는 마음, 트롤스페이퍼

TROLLS PAPER

좋은 종이가 주는 충만함을 아는가. 바스락거리는 질감과 코끝에 닿는 특유의 향을 느끼다 보면 손안에 놓인 노트에 나의 세계를 어서 풀어두고 싶어진다. 이 순간을 사랑하는 스테이셔너리 브랜드, 트롤스페이퍼는 양질의 종이를 중심으로 한 문구를 선보인다. 쓰는 목적과 필기구와의 상성을 고려하며 재료를 연구하는 건 이들이 기꺼이 나서는 일. 고심해 선택한 종이를 엮어 해마다 새로운 다이어리를 선보인 지도 6년째다. 한 권의 책에서 뽑혀져 나오는 말간 미색 빛에 머무르며, 이들이 기록자를 위하는 깊은 마음을 헤아려본다. 높은 질을 추구한 물건에서는 때때로 묘한 무정함이 느껴지곤 한다. 그러나 이들은 부드럽고 편안한 모습을 지향하며 기록자의 매일에 함께한다.

소재에 충실하기에 불필요한 화려함은 덜어냈다. 나와 종이가 고요히 마주 보는 시간. 트롤스페이퍼가 우리에게 줄 수 있는 가장 귀한 것이다.

"트롤스페이퍼는 창작자들에게 영감의 도구가 되는 제품을 제작합니다. 우리는 좋은 종이에서 느낄 수 있는 촉감과 색감을 좋아하고, 기계적인 정교함보다는 수작업의 만듦새를 지향해요. 많은 이들이 더 가치 있게 일할 수 있도록, 새로운 관점으로 일상의 도구를 만들어가고 있습니다."

H. Trollspaper.com

1.   2.

1. 패브릭 재킷

매년 다이어리를 감싸는 재킷을 선보여온 트롤스페이퍼. 올해는 자연의 소재로 옷을 짓는 의류 브랜드, '가정식패브릭'과 함께 재킷 원단을 선택했다. 고운 촉감이 특징인 '구자라트 토종면'은 인도 구자라트에서 자라는 유기농 목화로, 숙련된 직조 장인의 베틀질을 거쳐 완성된다. 트롤스페이퍼는 토종면에서 뽑아낸 실로 만든 '카디 아이보리', 실을 천연 염색한 '매리골드 재킷'을 제작했다. 리넨도 원단의 주인공. 천연 리넨을 성글게 엮어 도트 패턴을 새긴 '도트 재킷'과 짙은 감색 '브라운 재킷'까지. 총 네 가지 버전을 만나볼 수 있다.

2. 그랜마 핸드 북마크

책장을 넘기던 할머니의 손을 닮은 북마크. 크림빛을 띤 부드러운 종이가 할머니의 포근함을 닮았다. 레터프레스로 새겨진 자그마한 꽃문양과 필기체 문자가 손목에서 은은하게 빛난다. 연필, 볼펜, 만년필 모두 적합한 종이가 쓰여 책 속에서 마음에 드는 구절을 발견한다면 옮겨두어도 좋다.

책상 한편에 놓아둔 상상, 아쎄스튜디오

A-SE Studio
for your small balance

H. A-sestudio.com

커스터드 푸딩을 닮은 연필통, 메모를 꽂을 수 있는 얼음 모양 나무 큐브. 아쎄스튜디오가 상상력을 불어넣어 만든 물건들은 이토록 재밌고 새롭다. 이들은 일상품을 조금 다른 시선으로 재해석해, 나무를 주된 재료로 아름다운 수공예 문구를 만든다. 아쎄스튜디오A-SE Studio는 'Almond-Shaped Eyes'를 줄인 이름. 작지만 균형감 있는 아몬드를 닮은 눈으로 세상을 어느 쪽으로 치우치지 말고 바라보자는 의미를 담았다. 그래서인지 이들의 물건은 보기에는 즐겁지만 무용하지도 않고, 실용성에 집중하다 미감을 잃지도 않았다. 일상 공간 어디에 놓여도 제 몫을 해내는 든든한 친구들이다. 기록자의 책상 위에는 머리를 말랑하게 만들어줄 단서도 필요한 법. 재치 두 스푼이 담긴

아쎄스튜디오의 물건을 놓아보자. 먼저 적은 문장과 곧 흘러나올 문장 사이에 영감을 불어넣을 수 있을 테니.

"혼자 책상 위에서 보내던 시간이 쌓여 지금의 아쎄스튜디오가 되었어요. 우리의 사물을 통해 생각에 잠겨보는 아름다운 상황을 선물하고 싶습니다. 그리고 내면을 단단하게 바라보는 태도를 가꾸고, 일상에서 작은 시도를 해 나가길 바랍니다. 책상을 둘러싼 이야기를 담은 오브제를 계속 소개할게요."

1.

2.

1. 포스트 컬럼 펜슬 홀더
고대 건축물의 기둥을 닮은 연필꽂이. 책상은 일종의 작은 공간이라는 발상에서 출발했다. 고대의 기둥이 세월이 흘러도 아름다움을 유지하는 것처럼, 쓰는 이가 삶에서 오래된 것의 가치를 잊지 않고 살아가길 바라는 마음에서 제작했다고. 아날로그 방식의 기록을 사랑하는 이들의 책상에 잘 어울린다.

2. 크루아상 메모 홀더
잘 빚은 빵으로 착각할 법한 이 오브제는 아쎄스튜디오의 스테디셀러, 메모 홀더다. 반으로 갈리는 크루아상 사이에 자석이 부착되어 작은 종이를 단단하게 붙들어준다. 좋아하는 엽서나 기억하고 싶은 문장을 종이에 적어 끼워두어도 좋다. 책상 위에 놓인다면 은근한 미소를 불러일으키며 시선을 가져갈 것이다.

당신의 일상과 함께 나부끼며, 플래그

어떤 기록자는 종이에 글을 빼곡히 채우는 것만으로는 취향을 표현하기 아쉽다 말한다. 좀더 멋스러운 나만의 페이지를 완성하기 원한다면, 플래그와 함께해도 좋을 터. 롤 라벨 시리즈와 노트를 주로 제작하는 플래그는 색과 형태를 다루는 능숙한 감각이 돋보인다. 브랜드의 시작은 이곳을 이끄는 장소희 대표의 문구를 향한 오랜 애정. 취미로 수집하던 빈티지 문구를 일 년간 판매하다, 직접 만든 문구에 대한 간절함이 커져 브랜드를 만들게 되었단다. 그는 반복되는 하루의 곁에 플래그의 제품이 머무르길 바란다. 삶을 살아내는 일은 고단할 때도 많지만, 플래그가 매만진 라벨과 지류가 작은 깃발이 되어 기록자를 응원하길 원한다. 주인장의 다정한 마음은 실용성과

시각적 즐거움을 꾸준히 개선하는 일까지 이어지고 있다. 개성 넘치는 색과 디자인 뒤에 나의 안녕을 바라는 마음이 담겼다니. 노트 한쪽에서 나부끼며 훈풍을 일으킬 조그만 조각이 애틋하게 느껴진다.

"플래그는 반복된 매일을 살아내는 일상 속에서 작은 깃발이 되길 바랍니다. 애쓴 날은 깃발을 꽂아 치하하고, 고단한 날은 꽂아온 깃발을 돌아보며 힘내길 소원해요. 우리는 매일의 여정을 보조하고 하루에 즐거움을 더하는 문구를 고안합니다."

H. Flagg.kr

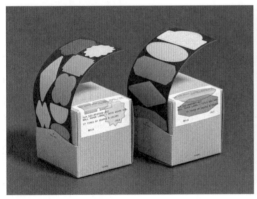

1.

2.

1. 롤 페이퍼 라벨

노트에 색과 모양을 더하는 재미를 즐긴다면 주목하자. 다채로운 라벨이 동그랗게 말린 제품으로, 제목을 써 붙이기 좋은 '타이틀 박스'와 꾸밈을 돕는 '데코 쉐입' 두 가지 버전으로 제작됐다. 연필과 볼펜 모두 명료하게 표현되는 소재이니 원하는 문구를 적어 노트 이곳저곳에 붙여볼까.

2. 커팅 포 MWD

일정과 목표 관리를 돕는 롤 스티커 라벨. 월, 주, 일 세 단위로 만들어졌고 패키지마다 일곱 가지 디자인이 적용되었다. 점선 커팅을 따라 툭 뜯어낸 다음, 한 달 습관을 잘 지켰는지 표시하거나 매일의 목표를 적는 식으로 활용할 수 있다. 이토록 감각적인 일정 관리라니, 계획형 기록자를 꿈꾼다면 마음을 쏟기에 부족함이 없다.

쓰고 읽는 이를 위해 마련된 공간이 있다. 방문자 저마다의 목적이
혼재되어 있기보다, 앞에 놓인 책과 작업물에 집중하고 싶은 이들을 환영하는 그곳.
좋아하는 필기구를 기꺼이 놓아두고 싶은 세 장소를 소개한다.

펜이 놓일 자리

에디터 차의진

포토그래퍼 박은비

서재 가득 꽂힌 책들

음악을 사랑하는 주인장의 취향이 보이는 공간

책과 함께 내어주는 CD

1P( )

누하동에는 기다란 회색 벽돌집이 있다. 이곳의
이름은 1P( ). 폭이 좁은 계단을 올라가니 테이블이 단
하나뿐이다. 이곳은 혼자만의 시간에 잠겨보는 예약제
공간. 게임의 '일인용'에서 이름을 따왔고, 똑같이
일인용이라 발음한다. 주인장은 혼자 있는 시간이 꼭
필요하고 적은 사람과 관계를 쌓아가는 편인데, 자신과
비슷한 성향의 사람들이 좋아할 장소를 만들고 싶었다.
나에게만 집중할 수 있는 고요한 아지트를 찾는 이들에게
그는 '일인용(시간)'이라고 부르는 경험을 제안한다.
일인용(시간)은 다음과 같이 흐른다. 예약자가 시집,
소설 등 추천 도서 여섯 권 중 하나를 고르면, 방문 당일
주인장이 책과 함께 CD 한 장을 내어준다. 그는 독서할
때 머릿속으로 책과 어울리는 음악을 떠올리곤 하는데,
손님들도 이 경험을 누리길 원했단다. 책과 OST 모두
주인장이 다양한 음악가에게 직접 추천과 제작을 의뢰한

것이다. 내가 이곳을 찾은 날 건네받은 책은 안미옥 시인의
《저는 많이 보고 있어요》. 책상 위 플레이어에 CD를
살며시 올려두었다. 서촌이 보이는 넓은 창과 마주 앉아
흐르는 선율과 함께 기록을 읽는 기분. 이곳만이 줄 수
있는 것이라 생각했다.
물론 다른 방법으로 일인용(시간)을 누려도 좋다. 자신만의
일인용(시간)을 보내다 가는 것이 주인장의 바람이니까.
그는 꼭 노트에 글이나 그림을 남기지 않더라도, 각자의
책에 밑줄을 긋거나 모서리를 접고, 마음에 드는 사진을
책갈피 삼아 끼워두는 모든 기록을 응원한다. 작가
마쓰오카 세이고가 《독서의 신》에서 책을 노트라고 여기며
나만의 표시를 담아보라고 말했던 것처럼, 나의 손길을
불어넣어 한 권의 노트를 완성할 방문자를 기다린다.

A. 서울 종로구 필운대로 33-1
H. Instagram.com/1p_news
O. 수–일요일 12:00-19:00, 월·화요일 휴무

자리마다 놓인 고무 칼판

건축 관련 도서와 동그랗게 말린 도면

포어플랜

오늘은 무언가를 기필코 쓰겠다고 굳게 마음먹는 날이 있다. 지금 붙잡아두지 않으면 사라질 것만 같은 글의 재료들을 가득 안은 날들. 그럴 때 카페보다 작업실이라는 이름에 가까운 공간을 찾길 권한다. 건축가의 작업실을 콘셉트로 한 포어플랜은 바로 그런 장소다. 이곳에서는 거대한 벽이 가장 먼저 방문객을 맞는다. 삼차원 건축 모형을 모티브로 제작된 것이다.

공간을 설계하고 운영하는 이들은 건축 디자인 스튜디오 FLPM그룹. 원래 이곳은 사옥으로 지어졌다. 조형물이 있는 큰 홀은 직원들의 사무 공간이자 고객들이 건축 재료를 살펴볼 수 있는 공간으로, 바 카운터는 탕비실 또는 고객과 차나 술을 마시면서 계약을 논의하는 공간으로 기획되었다. 완성이 막바지에 다다랐을 무렵, 구성원들 사이에서 우리만 쓰기 아깝다는 의견이 나오면서 사옥 일부를 손님들과 공유했다. 이후 방문자가 점점 늘면서

직원들은 다른 공간으로 옮겨 가게 되었다고. 지금은 음료도 내어주는 카페가 되었지만 애초에 사무 공간으로 설계된 만큼 작업에 몰입하기 좋은 장소다.

곳곳에는 건축가들이 머물다 간 듯한 흔적을 놓아두었다. 테이블마다 놓인 고무 칼판, 벽을 가득 채운 지류함, 바인더, 건축 관련 책들이 분위기를 완성한다. 그럼에도 억지스럽지 않고 누군가의 작업실에 잠시 머무는 듯한 느낌을 받을 수 있다. FLPM 그룹은 'For Less Plan More(심플한 디자인은 철저한 계획에서 시작한다.)'에서 초성을 따왔으며, 포어플랜이라는 이름 역시 이 문구에서 출발했다. 건축가 미스 반 데어 로에Mies van der Rohe가 남긴 "적을수록 아름답다."는 말에 영감을 받았다고. 어떤 것 하나 지나치지 않은 이곳에 머물다 보면, 펜과 종이만으로도 충분한 순간을 좋아하게 될 것이다.

A. 서울 성동구 왕십리로14길 30-11 1층
H. Instagram.com/foreplan_official
O. 매일 10:00-21:30

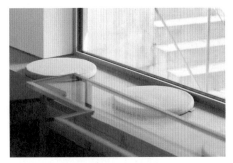

회의 공간으로 적합한 토크룸

기록에 몰입할 수 있는 예약제 좌석

《AROUND》 모든 호가 비치된 책장

발견담

연남동과 연희동 사이에 자리한 세모기둥 건물,
어라운드에 자리한 작업실이다. 우리는 매거진
《AROUND》처럼, 일상의 장면이 품고 있는 빛을
선명히 드러내는 공간을 만들고 싶었다. 이곳을 나서면
전과는 다른 시선으로 세상을 바라보는 나를 만나게
되는 공간을. 그 이상하고도 아름다운 발견이 기거하는
집을 쌓아 올리기 위해, 매거진 《AROUND》를 만드는
이들이 마음을 모았다. 크나큰 결심이 필요하지는 않았다.
우리가 오랜 세월 남겨온 발자국은 이미 이곳 '발견담'을
닮았으니, 과거 어라운드 구성원들이 책을 만드는 사무
공간으로 활용하던 장소이기도 하다.
발견담은 정기 구독과 온라인 구독을 신청한 독자들에게
자리를 내어준다. 지하 1층에는 개인 좌석 여섯 자리와
공용 테이블을 쓰는 두 자리를 마련해 두었다. 모든
과월호를 읽어볼 수 있으니 책이 품은 문장과 장면을

감상해도 좋다. 좌석마다 콘센트가 있어 작업에 몰입하는
시간을 보낼 수도 있다. 책상 한쪽엔 발견담에서만 만나볼
수 있는 질문 카드를 올려두었다. 매거진 주제에서 파생된
질문을 꼽아 한 손에 들어오는 크기의 종이로 만들었다.
발견담이 건네는 물음표에 답하는 동안 나는 어떤
이야기를 품은 사람인지 쉽게 알아챌 수 있을 것이다.
최대 여섯 명이 머물 수 있는 토크룸도 마련해 두었다.
여러 사람과 대화하거나, 가벼운 미팅을 진행하는
공간으로 쓰기 알맞다. 화이트보드, 모니터가 구비되어
있어 창의적인 결과물을 만들어내는 데 부족함이 없다.
발견담에서 어떤 기록을 남겨도 좋다. 별이 은은하게
머무는 이곳은 당신이 발견할 새로운 조각을 기다린다.
나와 주변을 반짝이는 눈으로 바라보는 이들에게 언제든
문을 활짝 열어두겠다고 약속한다.

A. 서울 마포구 동교로51길 27 1층, 지하 1층
H. A-round.kr/booking240516
O. 매일 09:00-23:00

문화와 예술로 채운 하루들은 나의 삶을 풍요롭게 써 내려간다. 그 기록을
위한 도구가 곳곳에 놓여 있지만 무얼 골라야 할지 영 어렵다면 이곳,
나다운 삶을 탐구하는 공간에 두어 번 노크를 해봐도 좋겠다. 롯데백화점
라이프스타일 랩은 아름다운 삶을 위한 탐구를 멈추지 않으니까.

에디터 이명주 자료제공 롯데백화점 라이프스타일 랩

아름다운 삶을 위한 탐구

롯데백화점 라이프스타일 랩

그곳에만 있던 걸
어디에나 있도록

한때는 문화라는 것이 꼭 누군가의 전유물처럼 여겨졌다. 노동보다 여가 시간이 긴 사람이라든가, 경험을 제값 이상 주고도 살 수 있는 사람이라든가. 성별과 나이뿐 아니라 경제적 환경까지, 가루 한 주먹을 연신 체에 거르듯 향유할 사람들을 가려내곤 했다. 그 시선은 '문화센터'의 탄생 이후 조금 달라졌다. 나에게 주어진 시간을 풍성한 경험으로 채우고 싶은 사람들은 문화센터로 향했다. 문화와 예술, 스포츠, 취미 강좌를 수강하며 삶을 채울 도구들을 하나씩 알아갔다. 무엇을 문화라 불러야 할지 모르던 세상에서, 무엇이든 문화라 부를 수 있는 세상으로 한 발자국 나아간 것이다.

그 걸음은 같은 자리를 맴돌지 않고 한 번 더 앞으로 뻗어간다. 이제 일상에 문화예술이 스며든 사람들은 단순한 경험을 넘어, 그 기록이 말하는 나다움을 찾고 싶어 한다. 롯데문화센터는 '라이프스타일 랩Lifestyle LAB'이라는 새로운 이름을 단 채, 아름다운 삶을 위한 탐구에 눈 맞췄다. 동시대 다양한 사람들의 삶을 연구하며, 그에 맞춰 다채로운 취향을 쌓을 수 있도록 첫 챕터를 펼친 것이다. 영유아부터 직장인, 시니어 등 생애주기에 맞춰 프로그램을 제공하는 라이프스타일 랩은 여타 문화센터와 겉모습부터 달리한다. 문턱을 낮춰 가족, 친구, 이웃과 일상을 나누는 장소로 개방함과 동시에, 프로그램을 수강하는 이들을 위해선 세심한 응대와 유려한 환경을 선사한다고. 현재 서울 열 곳, 인천과 경기 열 곳을 비롯하여 전국에 무려 서른세 곳의 라이프스타일 랩이 운영되고 있으니, 삶과 예술이 이루는 조화 속 나다움을 탐구하는 것은 더 이상 먼 이야기가 아니다.

그간의 기록을
긴 호흡으로

라이프스타일 랩을 찾는 이들이 많아질수록 그 열기는 선명한 이야기가 된다.
사람과 사람이 모여 영감을 나누는 교류의 장을 긴 호흡으로, 감각적인 글과
사진으로 만나도록 한 권의 매거진이 탄생한다. 바로 《LIFESTYLE LAB》.
2021년 8월 문을 연 동탄점 라이프스타일 랩을 기념하며 만들어진 매거진
창간호에는 '스팍스에디션'과 진행한 로고 브랜딩 프로젝트, '인테그'와의
리노베이션 프로젝트에 대한 소개와 '오이타' 최문정 대표 등 공간 탄생에
마음을 모은 이들의 인터뷰가 담겼다.
첫 번째 《LIFESTYLE LAB》을 씨앗 삼아, 올해는 어라운드와 함께 사계절을
따라 자연과 발맞추며 삶을 돌아본다는 테마 아래 네 권의 매거진이 계간지로
발행되었다. 내년에는 '웰빙Well-being'과 '피트니스Fitness'의 합성어로 몸과
마음의 균형 잡힌 건강을 의미하는 '웰니스'라는 주제로 우리 삶을 돌아본다고.
저속노화, 프로에이징 등 건강한 삶을 바라는 새로운 화두 아래 라이프스타일
랩만의 시선을 더할 예정이다. 현재 《LIFESTYLE LAB》은 롯데백화점
우수고객 전용 매거진 《AVENUEL》과 함께 실물 제공되며, 롯데문화센터
홈페이지에서도 감상할 수 있다. 아름다운 삶에 대한 탐구를 거듭하는
라이프스타일 랩, 우리는 그 손을 잡기만 하면 된다.

라이프스타일 랩의
손을 잡고

곧 맞이하게 될 새해, 찌뿌둥한 몸과 마음을 라이프스타일 랩과 움직여 보기 위해 세 가지 클래스를 소개한다. 이외에도 피트니스, 인문학, 쿠킹, 아트와 악기, 어학 등의 다채로운 프로그램은 계절 단위로 운영되며, 정기 강좌 외에도 원데이 클래스를 비롯한 특강이 상시 준비된다고. 해당 클래스는 모두 롯데문화센터 홈페이지에서 신청할 수 있다.

김멜라 작가의 《멜라지는 마음》 북토크

제15회 젊은작가상 대상 수상자, 고유의 발랄한 문체로 사랑받는 김멜라 작가와 함께 가장 소중한 것에 대한 이야기를 나누는 자리가 마련된다. 우리가 글을 써야 하는 이유 그리고 일상 속에서 어떻게 영감을 얻을 수 있는지를 함께 고민하고 공유한다.

O. 2025년 1월 4일, 13:00
A. 서울 중구 남대문로 81 지하 1층, 롯데문화센터 본점

리프레쉬 요가 & 웰니스 런치

인도 전통 의학 아유르베다의 철학을 기반으로 올바른 식생활 습관을 전하는 클래스. 몸과 마음의 휴식을 위한 요가 수업 후, 소화가 원활한 건강식을 '슈리베다' 고경하 대표가 소개한다. 그의 시연 후 시식을 통해 심신을 채우는 시간을 가진다.

O. 2025년 2월 22일, 10:30, 롯데문화센터 김포공항점
　　2025년 2월 23일, 11:00, 롯데문화센터 중동점
　　2025년 2월 24일, 11:00, 롯데문화센터 노원점
　　2025년 2월 28일, 10:30, 롯데문화센터 평촌점

한국술집 안씨막걸리 전통주 클래스

'미쉐린 가이드'에 최초로 소개된 경리단길의 막걸리집, '한국술집 안씨막걸리'와 함께 맛과 멋에 취해본다. 막걸리를 시음해 보고 나만의 취향을 담은 막걸리를 직접 만들어 가져갈 수 있다. 밥맛 좋기로 소문난 철원 오대쌀과 전통 방식으로 만든 우리 밀 누룩을 재료로 쓴다.

O. 2025년 1월 18일, 14:00
A. 서울 용산구 회나무로 3 아름누리빌딩 1층

21세기 온라인 기록자에게는 믿을 만한 존재가 있다. 엄지로
초록색 문을 살짝 두드리면 누구나 환히 반기며 무한한 기록
공간을 내어주는, 그 친구의 이름은 '네이버 블로그'다.

blog

기록자의 든든한 친구

에디터 차의진

자료 제공 네이버 블로그

기록은 계속되어야 하니까

인간은 하고 싶은 일이 참 많다. 때가 되면 머리 모양도 바꾸고 싶고, 달콤한 사랑도 하고 싶지. 단장과 사랑만큼이나 우리 안에 깊이 내재한 마음이 있다면, 바로 기록일 테다. 기억을 물성으로 옮겨두는 일, 기발하고 귀엽기도 한 본능이 아닌가. 이 재밌는 열망을 멈추지 못한 사람들은 벽에 그림을 그리다 종이를 만들고 사진기를 발명하더니 기록을 대량으로 찍어낼 방법까지 고안했다. 훗날 20세기가 되어 인간은 아주 독특한 방법까지 닿게 된다. 바로 집을 짓는 것! 사람들은 원하는 모습으로 집을 만드는데, 수시로 드나들며 소중한 기억과 이야기를 차곡차곡 쌓아둔다. 인터넷 세상에서 탄생한 이 공간의 정체가 뭐냐고? 그 이름은 '블로그'다.

2003년 서비스를 시작한 네이버 블로그는 블로거들이 자신만의 세계를 만들고 글을 발행하는 일을 온 마음으로 응원한다. 블로거가 이야기하고 싶은 어떤 주제도 환영하며 자유로운 편집까지 돕는 덕에, 많은 이들의 사랑을 받으며 20년이 넘는 세월 동안 무럭무럭 자라왔다. 이제는 어엿한 국내 최대 블로그 서비스이자 '온라인 일기장'의 고유명사가 되었다. "요즘 OTT 뭐 보세요?"만큼이나 "블로그 하세요?"도 일상적인 질문이 되었을 정도니까. 여기서 '블로그'는 당연히 네이버를 가리킨다는 인식을 묻는 사람도, 답하는 사람도 공유한다고 믿는다. 이들의 서비스를 이용하는 사람들은 연령대도 직업도 다양하다. 소소한 일상을 공유하는 대학생, 요리 비법을 알려주는 주부, 팬들을 위해 글을 쓰는 배우, 정책을 홍보하는 공공기관까지. 네이버 블로그에서는 각자에게 딱 맞는 온라인 공간을 꾸려갈 수 있다.

짧은 영상이 범람하는 시대이기에 쓰고 읽는 일은 고루하다 여기는 사람들도 있다. 하지만 글로 일상을 말하고 자신을 표현하는 일에 대한 블로거들의 열정은 식지 않는다. 네이버 블로그는 기록을 귀하게 여기는 굳은 심지를 지키면서도, 시대 변화에 발맞춰 그 모습을 조금씩 다듬어오고 있다. 영상으로도 일상을 공유하는 기능이나 매년 사용자 데이터를 수집해 콘텐츠를 발행하는 것까지 손 뻗으며 이용자가 온라인 공간에서 자유롭게 유영하도록 만든다. 삶의 작은 흔적이 모여 커다란 무언가가 될 수 있다고 믿는 네이버 블로그팀이 있기에 가능했던 일이다. "기록이 쌓이면 뭐든 된다." 듬직한 슬로건으로 블로거들에게 응원을 보내는 네이버 블로그와 함께라면, 소중한 기억은 휘발되지 않고 늘 나의 곁에 머물 것이다.

숫자로 보는 네이버 블로그

3530만

2024년 10월까지 누적된 블로그 수. 대한민국 인구 절반 이상이 블로그를 가졌다. 이토록 많은 블로그가 개설된 이유는 네이버 블로그가 기록의 주제나 형식, 용도에 제한을 두지 않고 어떠한 모습이든 환영하기 때문일 테다. 개인뿐만 아니라 다양한 기업과 기관이 기록을 쌓고 외부와 소통하는 창구로 서비스를 활용한다.

2009

모바일 블로그 앱이 출시된 해. PC로만 이용하던 서비스는 15년 전부터 두 손 안에 쏙 들어왔다. 덕분에 출퇴근길 지하철에서도, 영감을 준 전시 공간에서도 떠오르는 생각을 손쉽게 적을 수 있다. 네이버의 모든 서비스에 활용된 창작 도구 '스마트 에디터 ONE'은 블로그에도 역시 적용되었는데, 사진·영상 편집 기능, 창작 소스와 템플릿 등을 제공해 누구나 완성도 높은 콘텐츠를 발행하도록 돕는다.

10

1초마다 발행되는 게시글 수. 지금 이 순간에도 수많은 글이 쏟아지며 블로그 세상의 경계를 넓힌다. 2020년에는 1초마다 글 7개가 발행되었으니 블로거들의 사랑은 꾸준히 늘어가고 있다고 말할 수 있겠지. 저마다의 이야기가 담긴 무수한 게시물에는 기록을 사랑하는 마음이 스며 있다.

1.7억

2024년 연간 새로운 이웃추가 수. 블로거 사이 활발한 교류의 중심에는 '이웃' 시스템이 있다. 이웃은 일종의 구독 또는 팔로우로, 상대방이 글을 발행할 때마다 이웃새글 목록에서 확인할 수 있다. 관심사가 비슷한 블로거가 있다면 이웃추가는 필수! 여기서 한발 더 나아간 '서로이웃'은 지인끼리 상호 동의 절차를 거쳐 맺는 관계로, 누구에게나 자유롭게 신청할 수 있는 이웃과 다르다. 어떤 이웃이냐에 따라 게시물 공개 범위 설정도 가능하다.

103만

2020년 '주간일기 챌린지' 참여자 수. 주간일기 챌린지는 주 1회, 총 4주 동안 자신의 일상을 모아 글을 발행하면 참여 혜택을 제공하는 챌린지다. 블로거들의 폭발적인 관심을 얻으면서 백만 명이 넘는 이용자가 이벤트에 도전했다. 이후 일상과 관심사를 담은 사진을 업로드하고 코멘트를 추가하는 '포토덤프 챌린지' 등도 등장하면서, 네이버 블로그팀은 더욱 다채롭고 신나는 블로그 생활을 독려하고 있다.

64.8

전체 블로거 중 가장 많은 1030 블로거의 비율(23년 1월부터 24년 5월까지 집계 결과). 네이버 블로그는 각종 챌린지로 입소문을 타면서 젊은 세대의 일기장으로 자리매김했고, 제2의 전성기를 맞았다는 평을 듣는다.

기록은 나를 만들 거예요

김보연—네이버 블로그팀 리더

네이버 블로그 슬로건은 "기록이 쌓이면 뭐든 된다."예요. 어떻게 탄생했나요?

요즘 SNS는 숏폼과 짧은 글, 멋진 이미지가 특징이에요. 반면 네이버 블로그는 오랫동안 긴 글과 제약 없는 이미지가 특징인 플랫폼으로 인식되었고요. 그래서 2020년까지 우리의 슬로건은 "모든 기록이 쌓이는 공간"이었죠. 주제나 형식의 제약 없이 기록을 남기다 보면 어느새 그 기록들이 진짜 '나'를 만드는 변화를 경험할 수 있어요. 그렇게 쌓인 기록으로 블로거분들은 과거에 상상하고 노력했던 어떤 것을 어느새 이루게 되었다는 사실을 깨닫는 것 같았어요. 절약 생활을 담은 일기는 재테크 전문가의 기록이 되고, 씨앗 싹 틔우기로 시작한 기록은 플로리스트의 일상이 되고, 취준 일기는 과장님의 기록이 되었죠. 생생한 기록의 발자취를 담아 지금의 슬로건을 만들었어요. 누구나 기록을 시작하면 '미래에 무엇이든 될 수 있다.'는 메시지를 전하고 싶기도 했고요.

네이버 블로그가 오랫동안 사랑받고 있는 이유는 기록을 향한 블로거의 애정 덕도 클 거예요. 사람들은 왜 기록을 좋아할까요?

우리의 현재는 블로거분들이 기록을 대하는 애정 덕분이라는 이야기, 동의해요. 기록을 좋아하는 이유는 각자 다르기에 하나로 정의하긴 어렵네요. 조금 뻔하지만, 저는 사람들이 기록으로 '나'를 만들어간다고 생각해요. 사람들은 기록하면서 지난 시간을 되돌아보고 미래를 설계할 수 있잖아요. 기록은 더 나은 내가 되기 위한 가장 작은 노력이라고 할까요? 네이버 블로그는 더 나은 내가 되고 싶은 분들이 제일 접근하기 쉬운 서비스예요. 일기, 다이어리, 플래너와 더불어 모두가 1일 1블로그 하는 날을 꿈꾸고 있어요(웃음).

일기나 공간 방문기처럼 일상적인 게시물을 올리는 사람들이 많아요. 네이버 블로그팀이 보기에 최근에는 어떤 성격의 기록이 주를 이루나요?

'일기'스러운 일상 글이 많다고 느꼈다면, 맞게 보셨어요. 전문적인 지식을 기반으로 한 정보성 글은 과거부터 여전히 많답니다. 다만 요즘 20대들은 일상을 좀더 자연스럽게 그리듯이 작성해요. 이런 글에서도 본인이 가진 전문성과 관심사가 포함되죠. 영화, 스포츠, 재테크, 책 리뷰 관련 글이 그 예가 될 수 있을 거예요. 기록의 성격은 세대의 변화에 따라 지금의 모습을 갖추었다고 볼 수 있겠네요.

더 나은 서비스가 되기 위한 네이버 블로그팀의 지향점이 궁금해요.

예전도 지금도 블로거분들이 일상에서 만난 소소한 것들을 기록하며 나를 발견하고, 우리와 함께 성장하기를 바라요. 나의 독백 같은 기록으로 어느 순간 비슷한 취향을 가진 이웃들을 만나고, 이웃과 교류하면서 취향으로 얻는 기쁨이 배가 되는 경험, 나아가 그 경험이 모여 누군가에게 도움이 되는 기록으로 성장하는 것. 블로그가 지향하는 방향입니다.

네이버 블로그에서 숏폼 영상을 도입하면서 게시물 형식이 더 다채로워졌어요. 네이버 블로그는 미래에 어떤 모습을 하고 있을까요?

숏폼 영상은 '블로그 클립'이라고 부르는데요. 기록은 남기고 싶지만 글쓰기가 부담인 사용자들이 좀더 편하게 기록을 남길 수 있도록 시작한 서비스예요. 하지만 아직도 많은 블로거분들은 글을 남기고 있어요. 이웃들은 다양한 기록을 매개로 유기적으로 조화를 이뤄요. 이 본질은 미래에도 변하지 않을 것 같아요. 그 흐름을 공고히 하기 위해 블로그팀이 준비 중인 것들은 노코멘트예요(웃음). 우리의 발걸음을 지켜봐 주세요.

우리의 이야기를 나눠볼까요?

네이버 블로그팀은 '블로그씨'라는 이름으로 글을 쓰는데 도움이 될 질문 하나를 매일 전해왔다. 이번엔 어라운드 직원들이 질문할 차례! 네이버 블로그팀에 한 가지 질문을 건네고, 어라운드만을 위한 질문에 답해본다.

To. AROUND

어라운드는 네이버 블로그를 즐겁게 이용하고 있나요? 네이버 블로그로 작성한 기억에 남는 기록을 소개해 주세요.

From. 네이버 블로그팀

여행하기 좋더라고요. 특히 블로그는 글이 기반인 플랫폼이라 포스팅을 올리는 사람도, 댓글을 다는 사람도 모두 진정성 있게 다가간다는 점이 제일 좋아요. 블로그를 통해 주변 사람들의 일상을 들여다보며, 위로와 응원을 주고받고 있어요.

해요. 음악에 해박한 지식을 가진 평론가나, 공연 소식을 활발히 전하는 블로그들과 이웃을 맺기도 하죠. 블로그는 제게 나와 비슷한 누군가와 연결되고, 나를 더 알아가는 일이 얼마나 즐거운지 알려줬어요.

정현지 | 브랜드 프로젝트 매니저

블로그는 지금의 일로 이끌어 준 시작점이었어요. 대학생 시절 이제 막 진로에 대한 갈피를 잡기 시작할 때 막막한 마음에 블로그를 꾸준히 했어요. 누구에게나 열린 공간이었기 때문에 머릿속에 떠오르는 글, 세상에서 얻은 영감들을 자유롭게 올릴 수 있었죠. 차곡차곡 쌓아가다 보니, 계속해서 다음 기회가 생기더라고요. 그중에서도 매주 일상 기록을 담은 '달래로그'라는 시리즈를 꽤 오래 올렸어요. 요즘은 사진을 인화해 앨범을 만드는 일이 드물잖아요. 쉽게 휘발될 수 있는 기억들을 모아놓으니, 한 번씩 추억

차의진 | 어라운드 매거진 에디터

블로그는 취향을 깊이 파고들도록 도와준 고마운 도구예요. 음악을 좋아하는 저의 취미는 몰랐던 뮤지션의 보석 같은 곡을 발견하는 건데요. 반짝거리는 음악들이 스트리밍 앱 재생 목록에만 남겨지는 게 아쉬워서, '주간 음악 일지'를 블로그에 기록해 왔어요. 노래를 들었던 시기의 기억이 음악에 덧입혀지면 그 곡은 더욱 특별해지니까, 그 음악과 함께한 순간도 간단히 적어둔답니다. 스마트 에디터 ONE 덕분에 뮤직비디오 링크를 넣으면 썸네일이 자동으로 노출되는데, 나중에 글을 다시 읽으면서 음악을 듣고 싶을 때 편리해서 좋아하는 기능이에요. 이웃들은 덕분에 좋은 곡을 알았다거나, 자신도 즐겨 듣는 음악이라고 댓글을 남겨주곤

이명주 | 어라운드 매거진 에디터

2024년 10월 10일, 올해 그날은 다른 어느 해의 그날보다도 잊을 수 없는 하루였습니다. 한강 작가의 노벨문학상 수상 소식이 전해졌거든요. 보통처럼 저녁을 먹고 웹 서핑을 하다가 소식을 들은 저는 '한강'과 '노벨문학상'이라는 단어를 연달아 세 번쯤 읽고 나서야 실감할 수 있었어요. 네이버 블로그에 들어가 보니 저마다 기쁨에 겨워 축하를 전하고, 한강 작가가 첨예한 시선으로 써 내려가는 책에 대한 감상이 줄지어 올라왔어요. 블로그의 태그를 통해 연관된 포스팅을 타고 또 타고 들어가 읽어보며, 지난날 만났던 그의 문장들을 새 마음으로 음미해 보았습니다. 그에게 전하고 싶은 제 작은 축하와 감상들은 아직 임시저장 포스팅 목록에만 머무는데요. 언젠가 고르고 고른 말들을 모아 꺼내 두고픈 마음뿐이에요.

To. 네이버 블로그팀

네이버 블로그팀의 일상이
궁금해요. 오늘 하루는
어떻게 흘러갔나요?

From. AROUND

유종수 | 블로그 서비스 기획

네이버 블로그팀의 하루는 조용한
듯 보이지만 버라이어티하게
흘러가요. '주간일기 챌린지'
같은 이벤트가 있을 때는 이용자
반응이 바로바로 오는데요. 저는
출근길에 블로거분들이 올린 글을
보고, 흥미로운 글들은 동료들에게
메신저로 공유한답니다. (여러분,
네이버 블로그팀이 지켜보고 있답니다!)
회사에 도착하면 지표 대시보드를
확인해요.
최근에는 서비스 개선 작업을
하고 있어요. 데이터 분석 결과를
공유하기도 하고 굉장히 몰입도
있게 의견을 나누며 회의를 합니다.
블로거분들에게 은근히, 집요하게
다가가는 일이고, 동료들과 퍼즐을
맞추며 큰 그림을 완성해 가는
느낌이에요. 오늘 하루도 수고
많았다는 마음으로 서로를 바라보며
저녁을 마무리하죠. 블로그가 고단한
하루를 위로하고, 또 즐거움을
공유하는 서비스가 되었으면
좋겠어요.

유정민 | 블로그 서비스 기획

다정하고 열정 넘치는 동료들과
회사 근처 맛집 도장깨기를 했어요.
다들 블로그팀에 소속되어 있지만
블로거이기도 해서 메뉴가 나오면
동시에 카메라를 꺼냈죠. 얼마
전 저는 '포토덤프 챌린지'에도
참여했는데, 동료들과 함께한
점심시간을 기록했답니다. 그런데
그거 아세요? 모든 챌린지마다
팀원들 전부 열심히 참여하는데요,
공정한 이벤트 당첨자 추출 로직은
저희를 당첨자로 선정한 적이 한 번도
없답니다(웃음).
최근에는 블로그에 개인화 추천을
적용하는 과제를 진행했어요.
사용자들이 좀더 쉽고 즐겁게 취향에
맞는 글을 발견할 계기를 마련해 주고
싶었죠. 블로그에 남겨지는 소중한
기록들이 같은 취향의 사람들에게
더 잘 전달되고, 가치를 인정받길
바라요.

이신우 | 블로그 서비스 기획

목요일은 언제나 바빠요. 바로, 주간
회의가 있는 날! 오늘은 연말 발표를
앞둔 '올해의 블로그 100' 페이지
디자인을 확인하는 날이었어요.
두근거리는 마음으로 디자이너들과
회의를 마쳤습니다. 네이버 블로그의
초록빛을 활용한 시안과 시크한
검정색 시안 중, 과연 어떤 시안이

결정되었을지! 12월 중순에 확인해
주세요(웃음). 회의를 마치고는 개발자
동료와 만나 커피 타임을 가졌습니다.
업무가 몰아치는 바쁜 하루 중 이런
시간은 소소하지만 큰 행복이에요.
찬바람이 부는 연말이 되면 올해도
블로그에 좋은 글을 남겨준
블로거분들께 감사하는 마음을 갖게
됩니다. '블로그-블로거=0'이라는
사실을 또 한 번 느껴요.

임수민 | 블로그 서비스 기획

'네이버 블로그팀에 입사하게
해주세요!' 1년 전 오늘의 글을
확인하며, 블로그팀으로 힘차게
출근했어요. 우리는 기획자인 동시에
블로거이기도 해서, 자연스레
애정을 담은 눈으로 서비스를 살피게
된답니다. 특히 입사 1년 차 팀원이자
5년 차 블로거인 저는 '성덕'
그 자체예요!
"어제 블로그 쓰다가
발견했는데요…" "제 블로그 이웃
중에 한 분이…" 점심시간에는 팀원
모두가 반짝반짝 빛나는 눈을 하고
맡은 서비스에 대한 이야기를 나누곤
해요. 그러다 번뜩이는 아이디어가
나오면 주저하지 않고 실행에 옮기는
멋진 팀이죠. 좋아하는 게 일이 되면
지겨워질 수 있다고 하지만 저는
오늘도 퇴근 후 블로그 서비스로 다시
출근합니다. 제가 나아갈 수 있는
힘은 기록 속에 있으니까요!

언니 나무

우음도에 언니 나무가 있다. 나는 우음도에 한 번도 가보지 않았지만,
그 나무는 내 나무이기도 하다.

글 정다운   사진 이재은

사진

불쑥 사진 수업을 신청했다. 10년도 더 전의 일이다. 필름 카메라 수업이었다. 주머니에 들어가는 크기의 작은 똑딱이 카메라 '로모'로 사진 찍는 일에 재미가 붙어서 하루에 필름 한 통씩 소진하곤 했지만, 피사체에 가까이 다가가 딸깍 셔터 누르는 것 외에는 내가 더 할 수 있는 일이 없어 조금 아쉬움을 느끼던 참이었다. (필름 한 통에 3천 원, 필름 스캔도 몇천 원이면 가능하던 시절이다.) 사진을 제대로 배우고 싶다고 생각하던 중 아버지가 젊은 시절에 쓰시던 무겁고 커다란 카메라가 떠올랐다. 장롱 속에서 오랫동안 잠들어 있던 아버지 카메라를 꺼내 사진을 찍어야겠다! 하지만 작동법을 알아야겠지? 포털사이트에 '필름 카메라 수업'을 검색해 신청했고, 어느 토요일 아버지 카메라를 어깨에 둘러메고 서울 혜화동 선생님 작업실로 갔다. 큰 기대 없이 가벼운 마음으로 나선 길이었다. 그 수업에서 언니를 처음 만났다. 이후 반년 동안 매주 토요일 오후 어두운 지하 골방에서 열 명 남짓 우리는 사진을 배웠고, 들로 산으로 여기저기 함께 다니며 사진을 찍었다. 서로의 사진을 함께 감상했고, 그 사진 속에 담긴 이야기를 들었다. 이야기 속에서 울고 또 웃었고, 술도 참 많이 마셨다.

수업 첫날 알았는데, 의기양양하게 가져간 아버지 카메라는 전자동 카메라였다. 수동이 아니어서 조금 당황했지만, 선생님은 괜찮다고 했다. 당장 새것을 사려고 하는 나에게 선생님은 사진에 대해 충분히 이해하게 된 후 나한테 잘 맞는 기종이 무엇일지 살펴보고 천천히 구매해도 늦지 않다고 말씀하셨다. 그 말이 좋았다. 선생님은 사진 찍는 기술에 앞서 사진 하는 마음이 있다는 걸 알려주었다. 무겁고 큰 자동카메라로 선생님이 매주 내준 과제를 따라 사진을 찍었다. 이 카메라를 들고 다니며 아버지는 어린 나를 수없이 담았겠지. 수업의 마지막엔 수강생들이 그간 찍은 사진을 모아 소박한 이야기집을 만들었다. 그때 즈음 수동 필름 카메라 FM2를 중고로 구했다. 셔터를 누를 때 나는 찰칵 소리와 집게손가락에서 느껴지는 둔탁함이 마음에 들었다. 엄지손가락 옆면을 굴려 필름을 감을 때 지익 하는 소리와 지글지글 느껴지던 진동도 좋았다.

선생님이 수업 내내 강조한 건 마음이 가는 대상을 정하고 꾸준히 천천히 찍으라는 것이었다. 그건 가족이나 친구일 수도 있고, 장소일 수도 있다. 어떤 수강생은 가족을 찍었고, 어떤 이는 하늘을 찍기도 했다. 어떤 친구는 담배 피는 순간들을 포착했다. 보이지 않는 마음을 찍은 사람도 있었다. 언니는 말라버린 꽃다발과 떨어진 꽃잎, 다시 채워진 찻잔 같은 것들을 찍었다.

나는 무엇을 찍을지 한참 고민하다 FM2를 들고 선운사에 갔다. 그즈음 마음 복잡한 일이 생기면 집 근처 시외버스 터미널에서 버스를 타고 선운사로 가서 템플스테이를 하곤 했다. 카메라를 메고 선운사에서 1박 2일을 머물며 눈길이 닿는 모든 것을 조심스럽게 담았다. 카메라를 드니, 전과는 다른 것들이 눈에 들어왔다. 그때 선운사에 언니와 함께 갔다. 거기 있는 동안 언니는 사진을 거의 찍지 않았다. 다만 사진을 찍는 내 몇 걸음 뒤에서 고요히 서 있었다. 마치 나무처럼.

나무

수업이 끝나고 나는 사진 배우기를 그만두었는데, 언니는 다음 수업을 신청했다. 조금 더 깊게 사진을 배우는 수업이었다. 거의 1년 정도 지났을 때, 수업을 들은 다른 수강생들과 함께 사진전을 한다고 했다. 언니를 만나러 홍대입구역 근처의 전시장에 갔다. 무심하게 전시장 문을 열자마자 크게 걸린 언니 사진이 눈에 들어왔다. 사진 찍은 이의 이름을 보지 않고도 언니가 찍은 사진이라는 걸 바로 알 수 있었다.

나무 사진이 여러 장 세로로 연이어 걸려 있었고, 모두 같은 나무였다. 건물도 차도 사람도 보이지 않는 너른 벌판에 나무 한 그루가 서 있다. 그런데 같은 날이 아니었다. 나무 뒤로 해가 지기도 하고, 구름이 흐르기도 하고, 어떤 하늘은 잿빛이기도 했다. 나무는 풍성한 초록빛이었다가 잎이 점점 줄어들었다. 들판 풀들의 빛깔도 변했다. 태풍이 몰아친 다음 날에도 나무한테 달려갔다는 언니에게 저 나무는 무슨 의미일까? 언니는 왜 그 나무를 찍기로 했을까? 집에서 한 시간이 넘는 거리의 경기도 화성의 우음도로 달려갈 때마다 무슨 생각을 했을까? 물어보려다 묻지 않았다. 다만 오래 서서 바라봤다. 자꾸 눈물이 나서 혼났다. 어떤 마음은 사진에 담겨, 보는 이의 마음에까지 배달된다는 걸 그때 처음 알았다. 배달된 마음이 10년 넘게 내 안에 있다.

이 글을 쓰기 위해 오랜만에 언니에게 연락을 했다. 언니의 나무 이야기를 쓰고 싶은데 괜찮겠냐고 물었더니, 언니는 잔잔하게 웃으며 좋다고 말했다. 문자와 메일로 연락을 했지만, 언니가 웃고 있었다는 걸 안다. 나무 사진을 보내며 언니는 말했다. 언젠가 세상의 끝에 있는 카페에 있다는 나에게 불쑥 연락을 받은 날이 생각난다고. 아르헨티나 우수아이아 여행 중에 일행과 떨어져 혼자 카페에 있던 몇 시간⋯. 그때 내가 언니한테 연락을 했나 보다. 그랬겠네. 웃음이 난다. 그날은 긴 여행에 조금 지친 날이었다. 어쩌면 털어놓을 이야기가 있었을지도 모르겠다. 굳이 세세하게 털어놓지 않아도 안부를 전하는 것만으로 털어지는 마음이 있다. 어떤 사람은 며칠만 보지 않아도 영영 멀어진 것 같지만 어떤 사람은 오래 보지 않아도 늘 연결되어 있는 것 같다. 언니와 내가 그렇다. 우리가 그런 사이인 데에는 설명하기 힘든 여러 이유가 있겠지만, 나는 그 사이에 나무가 있어서인 거 같다. 나무는 움직이지 않는다. 주변 풍경이 시시각각 변해도, 해가 뜨고 지고, 폭풍우가 치고

개고, 바람이 불고 비가 오고 하늘빛이 달라지는 동안에도 나무는 여전히 그곳에 있다.

바다

제주에서 내가 처음 살던 집은 막 조성되기 시작한 신도시 임대 아파트였다. 부엌에 난 작은 창문으로 제주 북쪽 바다가 보였다. 그땐 아침마다 일어나면 부엌으로 가서 창문을 열고 사진을 찍었다. 그리고 그 사진을 SNS에 올렸다. 내가 제주에 살고 있다는 알림이었다. 타인보다 나 자신에게 전하는 알림. 저 멀리 바다와 하늘, 그것을 적당히 가리고 있는 어리숙한 상가 건물들 사이로 어느 날은 무지개가 뜨기도 했고, 먹구름이 끼기도 했다. 수평선이 보이지 않는 날도 있었고, 바다와 하늘이 아주 선명하게 나뉘는 날도 있었다. 청명하게 파란 하늘과 만날 때도 있었다. 하늘에 따라 바다 색깔도 늘 달라졌다. 매일

같은 시간 매일 다른 바다를 담으며, 천천히 제주살이에
적응했다. 사진 찍기는 그 집에 사는 동안 계속되었다.
그리고 자주 언니의 나무 사진을 떠올렸다. 나에게 배달된
언니의 나무가 더 단단하고 깊게 뿌리내려 내 안에 자리
잡았다.
지금 사는 곳에서 5분 정도 걸어가면 수목원에 닿는다.
빠른 걸음으로 걷다가도 수목원 입구에 들어서면 항상
잠시 걸음을 멈추고 사진을 찍는다. 봄이 한창이던 4월,
입구에서 보이는 하얀 벚꽃이 너무 예뻤다. 버릇처럼
휴대폰으로 사진을 찍었고 다음 날도 찍었고, 그리고
다음 날도…. 그사이 꽃이 떨어졌고, 초록 잎이 가득했다가
지금은 조금씩 낙엽이 지고 있다. 그리고 언제나 SNS에
사진을 올린다. 나는 잘 지내고 있어요. 당신도, 그곳에서
잘 지내길 바랍니다.

언니

언니를 만나고 올 때면 늘 무언가를 언니 옆에 두고 오는
기분이 들곤 한다. 그게 뭔지 모르겠다고 생각했다.
십여 년 만에 다시 보게 된 언니의 나무 사진을 한참
바라보다가, 그때 언니가 그 나무 곁에 두고 왔을 마음을
떠올렸다. 그리고 안심한다. 불쑥 연락을 하려다가도
망설이게 될 때도 있다. 여기는 해가 반짝이지만 저기는
비가 올 수도 있고, 이쪽은 안개 속이지만 저편에는 빛이
찬란할 수도 있으니까, 내 흐린 마음이 옮겨 갈까 봐, 나의
태양에 눈이 부셔 휘청이는 마음을 배려하지 못할까 봐
그렇다. 하지만 바람이 불고 비가 오고 무지개가 뜨고
해가 나고, 잎이 물들고 떨어지고 다시 새싹을 틔우며,
나무도 언니도 잘 지낼 것이라고. 그러다 어느 날 내가
불쑥 또 연락을 하면, 그날이 비가 오는 날일 수도 있고
해가 반짝이는 날일 수도 있지만, 언니는 또 슬며시 웃을
거라고. 언니 나무 사진을 보며 그런 생각을 한다.

기억은 기록을 이길 수 없다

글 배순탁—음악평론가·〈배철수의 음악캠프〉 작가

01. **'노랑'**
— 소음발광

02. **'ㅈ | ㅂ'**
— 한로로

03. **'날개'**
— O'KOYE

04. **'오늘보다 더 기쁜 날은 남은 생에 많지 않을 것이다'**
— 단편선 순간들

05. **'아무도 모른다'**
— 사비나앤드론즈

참 다행히도, 후회가 잦은 편이 아니다. 설령 하더라도 길게 끄는 성격도 못 된다. 그럼에도 딱 하나 그래야 했는데 싶은 게 있다. 꾸준히 일기를 써야 했다는 거다.

어느덧 50살에 가까워진 탓일까. 기억이 흐릿하다. 어린 시절 추억을 오직 머리로만 되새김질하려니까 분명한 한계를 절감한다. 나한테도 직접 쓴 일기가 없지는 않다. 그중 대부분이 밀린 방학 숙제를 '급조'한 것이지만. 신뢰성 바닥이다. 이런 건 왜 또 기가 막히게 기억나는지 모를 일이다.

항상 주장하는 게 있다. "기억은 기록을 이길 수 없다."는 것이다. 진심 그렇다. 나는 인생에서 가장 강력한 존재는 천성적으로 부지런한 사람이라고 거의 확신한다. 이유는 이렇다. 애석하게도 당신과 나는 천재가 아니다. 그렇다면 해결책은 단 하나, 근면해지는 것 외에는 없다. 읽고 또 읽고, 공부하고 또 공부하는 것 외에는 방법이 없다. 게으른 나 자신을 채찍질하는 것 외에는 뾰족한 수 따위 존재하지 않는다. 다시 한번 강조하고 싶다. 부지런한 자들을 경계하라. 그들이 바로 최종 보스다.

관심과 관찰에 근면해지자. 우리는 모두 영감을 찾아서 헤맨다. 그것이 글쓰기를 위한 것이든 내 삶의 풍요를 위한 것이든 우리는 공히 영감에 목말라 있다. 그렇다면 부지런히 관심 갖고 관찰해야 한다. 그리고, 기록해야 한다.

"내 머리에 다 담기겠지." 여긴다면 오산이다. 만약 당신이 흥미를 느껴서 관찰하기 시작했다면 당부하건대 기록하기를 바란다. '관찰 기록'이라는 말도 있지 않나. 관찰 기억은 아무리 봐도 좀 이상하다.

나는 이것을 '3관법'이라고 부른다. 세상에는 두 가지 종류의 재미가 있다. 하나는 휘발하는 재미, 다른 하나는 의미로 전환할 수 있는 재미다. 전자는 예로 들자면 내가 사랑하는 〈무한도전〉 같은 거다. 낄낄 웃고 즐겁게 흘려보내는 재미다. 후자는 기록해서 붙들어 놓아야 하는 재미다. 그러니까 재미, 즉 흥미를 느꼈다면 '관심'을 갖고 '관찰'을 해서 그 대상과의 '관계'를 만들어 나가야 한다. 그리하여 의미 있는 무언가를 길어내야 한다. 세상은 이걸 영감이라고 부른다. 영감은 기록을 통해 우리에게 도착한다. 기억만으로는 무리다.

내 컴퓨터에는 '메모장'이라는 폴더가 있다. 책을 읽다가 인상적인 표현이나 구절이 나오면 몽땅 여기에 옮겨 적는다. 그러고는 틈날 때마다 이 폴더를 열어서 그냥 쭉 읽는다. 그 표현이나 구절을 그대로 쓰면 표절이기 때문에 그냥 내 몸속에 둥둥 떠다니게 만들어 놓는 나만의 의식인 셈이다. 이런 과정을 통해 내 글쓰기의 조합과 바탕을 형성한다.

아직 한참 모자라지만 이걸 습관화한 뒤로 조금이나마 글쓰기가 나아졌다고 믿는다. 뭐, 믿는 것 외엔 도리가 없긴 하지만 말이다. 다음은 내년 한국대중음악상 후보 선정을 위해 올해 미리 기록해 놓은 노래 몇 곡이다. 2024년 나만의 결산 리스트에 반드시 들어갈 음악들이라고 보면 된다. 이것도 그때그때 기록해 두지 않으면 연말 다 돼서 기억하기가 힘들다.

'노랑'
소음발광

무거운 톤으로 냉정하게 말하듯 노래하다가도 순식간에 격정으로 들끓는 스크리모Screamo를 들려준다. 필요한 자세는 딱 하나. 이 격차를 온몸으로 받아내겠다는 각오뿐이다. 격차를 내면화하는 일이야말로 이 훌륭한 밴드의 팬이 되는 길이다.

'ㅈ | ㅂ'
한로로

2022년 '입춘'이 발매되고 화제를 모으면서 내 주위의 모두가 스타 탄생을 예감했다. 부디 소포모어 징크스 따위 겪지 않기를 바랐다. 완전 기우였다. 이 곡이 증명한다.

'날개'
O'KOYE

유력한 신인상 후보다. 힙합을 기초로 수많은 장르를 섞어내지만 어색함이 조금도 느껴지지 않는다. 재능 덩어리들이 한데 모였다는 이런 느낌, 참 오랜만이다.

[봄과 빛] (2024)

[집] (2024)

[날개] (2024)

'오늘보다 더 기쁜 날은
남은 생에 많지 않을 것이다'

단편선 순간들

이 곡이 실린 단편선 순간들의 앨범 [음악만세]는 내가 꼽는
2024년 최고작이다. 기왕의 무속적, 연극적 기반 위에
노이즈, 사이키델릭, ECM풍 재즈 등을 다양한 편곡으로
영리하게 섞어냈다. 이 곡은 타이틀이라 고른 것일 뿐
음반 전체를 추천하고 싶다.

'아무도 모른다'

사비나앤드론즈

올해의 도입부다. 사비나앤드론즈의 목소리가 흘러나오는
순간 집중력의 볼트가 0에서 100으로 곧장 충만해질
것이다. 이런 시작, 주목하지 않을 수가 없다.

[음악만세] (2024)

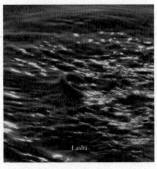

Lasha

[Lasha] (2024)

그렇게 아브지가 된다

기록은 마음을 헤아리는 일이다. 오늘 내가 마음으로 헤아리고 싶은 건 가장 증오하는 사람이며,
동시에 가장 연민하는 사람이다. 세상이 아버지라 호명하는 존재.
이 글이 세상 모든 아빠, 아버지, 아브지에 대한 기록이 될 수 있을까?

글·사진 김건태

나는 홍길동이다. 아버지를 아버지라 부르지 못하기 때문이다. 특별한
이유가 있는 건 아니고, 아빠라 부르기엔 너무 친해 보이고 아버지라
부르기엔 느끼한 기분이 들어서다. 어쩔 수 없이 호명해야 할 때는 발음을
뭉개서 '아브지' 정도로 빠르게 말한다.
아버지는 시골 농부의 장남으로 태어나 나이 어린 동생들을 업어 키웠다.
대부분의 K-가장이 그렇듯 보수적이고 책임감 많은 어른으로 자랐다.
국민학교 시절 아버지는 밤톨 머리에 똘망똘망한 눈을 가진 어린이였다.
감수성이 풍부해 매일 밤 연습장에 그림을 그리고, 통기타를 치며 노래를
불렀다. 브라운관 속 신성일을 보며 연기자를 꿈꾸기도 했는데, 조부모는
아버지가 '딴따라'가 되기보단 흙을 만지며 정직하게 살기를 바랐다.
그야말로 진짜 흙수저였던 아버지는 반발심 때문에 일찍 독립했다. 젊은
시절 서울로 올라와 엄마를 만났고, 스물다섯의 나이로 김건태를 낳았다.
타고난 끼를 주체하지 못해서인지, 아니면 너무 젊은 시기에 가장이 된 게
아쉬워서인지는 알 수 없지만, 아버지는 가정에 충실한 사람이 아니었다.
내 어린 시절 그는 유니콘 같은 존재였다. 함께 쌓은 추억이 거의 없다.
아버지는 사진작가 일을 하며 돈을 벌었고, 출장을 핑계로 며칠씩 집을
비웠다. 그래서 내가 기억하는 건 아버지의 빈 구두뿐이다.

엄마가 집을 나간 후에야 아버지는 나와 동생을 보살피기 시작했다.
출장이 잦은 사진작가 일 대신 월급쟁이 회사원이 되었고, 좋아하던
술도 끊었다. 그러면서 주말도 없이 일만 했다. 아버지에게 자식을
돌보는 일이란 도시락을 싸주는 일이었다. 하루도 아침을 거르게
하지 않았다. 반찬이라곤 간장에 절인 깻잎과 흐물흐물한 어묵볶음이
전부였기 때문에 나는 차라리 한솥도시락을 사 먹는 게 낫겠다는 생각을
몇 번이나 했다. 사춘기였던 나는 그 흔한 캐치볼 한 번 함께해 준 적
없던 아버지가 영 달갑지 않았다. 무엇보다 그는 엄마가 집을 나가게
한 존재였다. 그런 아버지를 보며 '저런 어른이 되지 말아야지.' 수없이
되뇌곤 했다. 한편으로는 이런 생각도 했다. '왜 자식을 두 명이나 낳아서
평생을 개미처럼 일만 하며 살까? 어쩌면 가정은 그에게 개미지옥이
아니었을까?' 그의 꽃 같은 젊음이 안쓰러웠다. 그렇게 아버지는 내게
증오와 연민, 두 가지 상반된 감정이 공존하는 존재가 됐다.

한편 나는 늦은 나이에 대학을 졸업하고 서울에 직장을 구했다. 셋방을 얻어 솔로 라이프를 즐겼다. 잡지사 에디터라는 직업을 이야기하면 사람들은 "뭔진 모르겠지만 멋있어."라고 반응했다. 방점이 '멋있다'에 있는 게 아니라 '뭔진 모르겠지만'에 있다는 게 함정이었지만, 그런 말을 들으면 왠지 세련된 사람이 된 것 같았다. 하지만 보이는 것과는 달리 회사 생활은 고난의 연속이었다. 작은 회사에도 정치라는 게 존재했고, 나는 그런 일에 익숙한 사람이 아니었다. 어린 시절 아버지는 입버릇처럼 "정직하게 살아라."라는 말을 반복했고, 그에게 잔뜩 세뇌된 나는 시끄럽게 일하는 건 거짓된 행동이라고 생각했다. 묵묵히 일하면 언젠가 인정받을 거라고 생각했다. 하지만 현실은 달랐다. 조금 더 많이 말하는 사람, 조금 더 드러내는 사람, 조금 더 앓는 소리를 하는 사람이 대우받았다.

어느 날 엄마의 생일에 엄마와 동생이랑 술을 마셨다. 아버지는 낄 수 없는 자리였다. 우리는 회와 청하와 처음처럼을 먹었다. 엄마는 자기 인생에서 제일 좋은 날이라며 들썩였다. 선물도 준비하지 않았는데 엄청 좋아하며 뽀뽀를 계속했다. 겨우 이런 게 제일 좋은 걸까? 우리의 행복이 너무 누추해서 울적한 마음이 들었다. 집으로 돌아오는 길에 택시를 타고 한강을 건너는데 창틈으로 들어오는 바람이 차가웠다. 가슴이 헐거워졌고, 왜인지 모르겠지만 갑자기 아버지 생각이 났다. 동생과 나를 독립시킨 아버지는 도시의 삶을 정리하고 시골에서 딸기 농사를 짓고 있었다. 어린 시절 도망치듯 떠났던 흙으로 다시 돌아간 것이다. 늦은 시간이었는데도 아버지는 전화를 받았다. "아브지, 시골 사람이 왜 아직 안 자요?" 아버지는 방금까지 비닐하우스 속 딸기를 돌보느라 이제야 저녁을 먹었다고 했다. 반찬은 어묵볶음과 깻잎. 아버지다운 식사였다. 왜 전화했느냐는 말에 나는 망설이다가 이야기를 꺼냈다. 요즘 회사 생활이 너무 힘들다고 했다. 묵묵히 일하면 인정받을 거라고 해서 그렇게 살고 있는데 잘 안 풀린다고 했다. 정직하지 않은 편이 더 나은 것 같다고 했다. 아버지는 내 이야기를 다 듣고도 아무 말 하지 않았다. 전화가 끊긴 줄 알고 톡톡, 모스부호를 보내자 그제야 말을 이었다. "아들아."

문득 심장이 크게 뛰었다. 그는 자신이 잘못 살아왔다며, 정직하게,
성실하게만 사는 게 정답은 아니었다고 말했다. 그러면서 이제라도
남들처럼 눈치도 보고 약게 살라고 조언했다. "아버지가 미안하다."
뭐가 미안하다는 거지? 갑자기 눈물이 날 것 같았다. 서둘러
전화를 끊고 창문을 열었는데, 눈물과 콧물이 화생방처럼 터졌다.
기사 아저씨가 건네준 휴지로 코를 푸는데 머릿속으로 김연우의
'이별택시'가 흘러나왔다.
나는 진심으로 아버지가 미웠다. 그럼에도 불구하고 끝까지 정직하게,
성실하게 살라고 말해줬다면 어땠을까? 변하는 건 없겠지만 그의 말을
들으며 조금만 더 견뎌보고 싶었던 것 같다. 또 한편으론 살아가며 당신이
평생 옳다고 생각했던 신념이 무너진 것이, 그 사실을 아들에게 고백해야
하는 아버지의 처지가 슬펐다. 나는 어눌한 목소리로 기사 아저씨에게
말했다. "(꺼이꺼이) 아저씨… (훌쩍) 혹시… 담배 피워도… 되나요?",
"안 됩니다.", "아, 네." 과연 세상은 냉정하다.

며칠 뒤 집에 있는데 낯선 번호로 전화가 왔다. "택배 기사입니다.
김종원 씨 댁 맞나요?" 김종원은 우리 아버지고 이곳에는 살지 않지만
"네, 제가 김종원입니다." 하고 대답했다. 그렇게 김종원을 말하고 나자
진짜 김종원이 된 기분이었다. 오글거렸다. 뭐랄까, 진동 안마기가
꼬리뼈에 닿을 때 느껴지는 찌릿함 같은 거. 송장에 김종원 이름으로
사인을 하고 택배를 받았다. 하얀 스티로폼 박스에 아버지가 보낸 딸기가
들어 있었다. 알이 굵고 단단한 딸기, 아버지를 닮은.
나는 현관에 선 채로 아버지의 딸기를 크게 한입 베어 물었다. 새콤한
과즙이 입안 가득 퍼졌다. 내 스타일이 아니었다. 달달한 품종을
재배하라니까 왜 굳이 새콤한 걸 선택해서 감동을 깨는지 모를 일이었다.

언젠가 아버지의 잠든 얼굴을 본 적이 있다. 숨이 멈춘 듯 고요했다.
나는 아버지가 죽은 것은 아닌가 하고 코밑에 손가락을 대보았다.
아버지라는 존재와 어울리지 않는 희미하고 작은 숨이었다. 한참을
보다가 가만히 그의 눈꺼풀을 만져봤다. 볼록한 감촉이 마치 내 것인
것 같아 서둘러 손을 뗐다. 나는 여전히 아버지 같은 사람이 되고 싶지
않지만, 어쩌면 미래의 내가 그의 얼굴을 하고 있을지도 모르겠다고
생각했다. 흠, 아무래도 그건 싫은데…. 얼른 돈 벌어서 성형이나
알아봐야겠다고 생각한 날이었다.

어릴 땐 집에서 엄마와 보내는 시간이 많았다. 집에 있는 쪽이 안전하다고
느껴서인지 친구랑 잘 어울리다가도 해가 지려고 할 즈음이면 군말 없이 집으로
돌아왔다. 더 놀겠다고 떼를 쓰거나 친구 집에 가겠다며 내일을 기대하는 일은 잘
없었다. 생일이 아니고서야 사람들과 북적거리며 어울릴 일이 많지 않았음에도
그 시절 외롭다거나 심심하다는 생각은 하지 않은 것 같다. 그건 역설적이게도
형제가 없는 덕이었는지도 모른다. 나들이를 가거나 잠들기 전에 양쪽에서 엄마
팔을 잡아당기며 "내 거야!!" 하고 피붙이와 다툴 일은 없었고, 엄마는 엄마 그대로
언제나 내 차지였으니까. 자칫 잘못하면 엄마 없인 아무것도 못 하는 마마걸이
됐을 텐데 다행히 그 직전까지는 성숙했던지 딱히 남 부끄러울 일은 없었다고 한다.
그렇지만 딱 그 나이대 어린애만큼 미성숙한 면도 분명히 있었기에 잠깐이라도
집에 혼자 있어야 하는 상황을 좀체 견디질 못했다. 이를테면, 엄마가 5분 거리
슈퍼마켓에 다녀온다고 슬쩍 운을 떼면 세상 모르게 책을 읽다가도 현관으로 달려와
신발장 모서리를 붙잡고 울었다. 혼자 있는 게 특별히 무서웠던 것도 아니고 엄마가
없으면 안 된다고 여긴 것도 아닌데 그냥 싫었다. 아마 내가 진짜 싫던 건 '집에 혼자
있다.'는 낯선 감각이었겠지.
그러다 머리가 조금 자라 초등학생이 됐을 무렵엔 엄마가 잠깐씩 외출하는 것에
어느 정도 면역력이 생겼다. 약간 싫은 기분이야 있었지만 전처럼 신발장 모서리를
잡고 우는 일은 없었다. 엄마는 은행이니 마트니 화실이니 볼일이 생기는 날이면
등교하는 나에게 미리 일러두었다. "오늘은 집에 왔을 때 엄마가 없을 수도 있어.
그럼 우유 구멍에 손 뻗어봐. 혹시 손에 안 닿으면 휘휘 저어봐." 엄마의 미션을
수행하며 열쇠를 얻어내는 일련의 과정은 나에게 고양감을 주었다. '이제 혼자
집에 있을 수 있다!'는 뿌듯함으로 어깨에 힘을 주고 있다 보면 엄마는 금세 집으로
돌아왔다. 그럼 난 턱을 슬쩍 추켜들고 집에서 뭘 했는지 이야기하곤 했다. 고작
30분, 길어야 한 시간 정도 집을 지켰을 뿐인데 마치 대단한 일을 해낸 영웅처럼

굴었다. 그러던 어느 날, 빈집을 지키던 나는 친구에게 전화를 한 통 받았다. 놀러
오라는 전화였다. 어째야 하나 고민하던 나는 엄마처럼 우유 구멍에 열쇠를 두기로
했다. 눈대중으로 거리를 짐작해 열쇠를 두고 바깥에서 동그란 우유 구멍을 열고
손을 넣어 휘휘 저어보았다. 이 정도 거리라면 엄마 손도 틀림없이 닿을 거라
생각하면서 공책을 한 장 뜯어 글자를 적었다. "엄마, 우유 구멍에 열쇠 있어.
나 친구네 갔다 올게." 현관 바깥에 종이를 붙이고 친구네서 신나게 놀고 돌아오는
길엔 칭찬받을 생각에 들떠 발걸음이 가벼웠다. "주연이 다 컸네?" 같은 이야기를
들으면 어떤 반응을 보일까 생각하며 집으로 돌아왔는데 웬걸, 내가 예상한
공기와는 그 온도가 확연히 달랐다. '우유 구멍에 열쇠가 있다는 종이를 바깥에다
붙이면 안 된다.'는 이야기를 들으면서 나는 내내 혼란스러웠다. 종이를 안에 두든
바깥에 두든, 이웃이 알게 된다 한들 우유 구멍 너머에 열쇠가 있다는 사실은 변하지
않는다. 그런데 왜?
악에 그토록 무지하던 시절이 있었다. 우리 집은 15층짜리 아파트의 1층이었고
엘리베이터를 오가는 사람만 해도 십수 명, 수십 명은 됐을 텐데도 나쁜 일이 일어날
거라 추호도 생각지 않던 시절. 우유 구멍이 있던 시절엔 세상에 별일이랄 게
없었다. 큰일은 정말 별스럽거나 충격적인 것이어서 도시 괴담처럼 드문드문 들려올
뿐이었다. 우유 구멍으로 기다란 막대를 넣어 문을 따는 범죄 수법이 횡행하자
우유 구멍을 막다 못해 없애버리게 되었다고 들었다. 나는 그 작은 구멍을 통해
바닥에 놓인 열쇠나 방공호 일부를 바라보곤 했는데 그런 이유로 사라져버린다는
건 적잖이 억울한 일이었다. 우유 구멍에 열쇠를 놓고 외출한다고 동네방네 소문
내고도 아무 일 없던 나로서는 억울할 수 있는 일 아닌가. 나는 아직도 무릎을 꿇고
우유 구멍을 열어 열쇠가 있는 걸 확인하고, 구멍 틈으로 손을 뻗어 그걸 건져내는
일에서 고양감을 느낄 것만 같은데 우유 구멍 같은 건 이제 어디에도 없다.

카세트테이프와 대본

어린 시절엔 쪼그려 앉거나 엎드려서 포터블 카세트에 자주 속삭이곤 했다.
무슨 이야긴고 하니, 해가 중천에서 내려갈 무렵이면 엄마는 내 일과를 받아 적을
채비를 했다. 어떤 일과를 기록했는지는 기억나지 않지만 유치원에 다녀왔고,
선생님이랑 리코더를 불었고, 엄마랑 칸쵸를 먹었고, 《늑대와 일곱 마리 아기
염소》를 읽었고, 수프 먹으면서 〈피구왕 통키〉를 봤고… 같은 어린아이의
일상이었겠지 싶다. 엄마는 그런 이야기들을 어여쁜 필체로 자투리 종이에 적었다.
매일 오후 내게 도착하던 일기 같은 쪽지는 나를 위한 일종의 대본이었다.
엄마는 어린 내 몸통만 한 포터블 카세트로 라디오를 참 자주 들었다. 나는
그 안에서 많은 어른을 만났다. 그들은 목소리의 높낮이를 바꿔가며 사연을 읽거나
음악을 들려주었다. 아침엔 지적이고 잠잠한 목소리가, 낮에는 활기 있고 발랄한
목소리가, 저녁에는 침착하고 조곤조곤한 목소리가, 밤에는 고요로 침잠하는
목소리가 들려왔다. 엄마는 요리할 때도, 가계부 쓸 때도, 씻을 때도 라디오를
들었다. 라디오가 꺼지는 경우는 책을 읽거나 내가 쪽지를 대본 삼아 읽을 때
정도였다. 엄마는 대본이 완성되면, 집에 즐비한 가요 테이프 중 이제는 잘 듣지
않는 걸 하나 꺼내 포터블 카세트에 끼웠다. 엄마가 손짓하면 나는 그 앞으로 가
쪼그려 앉았고 엄마는 라디오 모드를 테이프 모드로 바꾸고 버튼 누를 준비를
했다. 빨간 버튼과 까만 버튼을 동시에 누르기 위해 검지와 중지를 뻗던 장면이,
지금도 당장 일어난 일처럼 뇌리에 선하다. 버튼을 누르기 전에 엄마는 "하나,
둘, 셋!" 수를 셌고, 버튼이 '딸깍' 하고 눌리면 나는 기다렸다는 듯 대본을 읽기
시작했다. "아빠 안녕. 나는 오늘 유치원에 갔어. 아침에 비가 와서 찝찝했어. 발이
젖는 거 싫어. 우산은 좋아. 오늘은 간식으로 칸쵸를 먹었어. 집에 와서 엄마랑
마당에 나갔어. 사진도 찍고, 필름 집에도 갔다 왔어. 슈퍼마켓에서 꼬마곰 젤리도
샀어. 아빠 언제 와? 빨리 와." 기억은 나지 않지만 내가 할 수 있던 이야기는
이 정도이지 않았을까. 엄마는 꼬박꼬박, 아빠가 출근한 날이면 테이프에

내 목소리를 녹음했고, 아빠가 돌아오면 그걸 들려주었다. 가끔은 "둘, 셋!"
하는 엄마 목소리가 들리기도 하고, 버튼 누를 타이밍을 놓쳐 "다시! 다시!"
하는 목소리가 녹음되기도 했다. 소독하는 아주머니가 오시면 초인종 소리가
들어가기도 했는데, 엄마는 녹음 버튼을 누르기 전엔 늘 티브이도 끄고, 라디오도
끄고, 고요한 상태에서 수를 세주었기 때문에 대체로 깨끗한 목소리가 녹음되곤
했다. 녹음이 잘되었는지 테이프를 되감기해 내 목소리를 들어볼 때면 키득키득
웃음이 났다.

가끔은 목소리를 녹음한 테이프가 엉키기도 했다. 그럼 두 구멍 사이에 연필을
넣어 돌돌 감았다. 때로는 포터블 카세트 안에서 테이프가 끊어지는 일도
있었는데, 그럴 땐 잘린 부분을 투명 테이프로 살짝 붙여주면 감쪽같아진다는 걸
엄마한테 배웠다. 나는 그런 기술을 일찍 알게 된 덕에 휴대용 카세트 플레이어로
테이프를 듣다가 고장이 나면 손쉽게 고쳤고, 라디오를 듣다가 좋아하는 노래가
나오면 얼른 공테이프를 넣고 녹음 버튼을 누르는 학생으로 자라게 되었다. 나는
지금도 종종 카세트 플레이어로 테이프를 듣는다. 이제는 테이프가 풀리거나
끊어지는 일은 좀처럼 일어나지 않고, 목소리를 테이프로 녹음하는 일은 더더욱
없지만 카세트 버튼을 누를 때면 포터블 카세트 앞에 웅크려 앉아 대본 읽던
채비를 하던 시간이 절로 떠오른다. '해리 포터' 시리즈에 호그와트(마법 학교)
교장 선생인 덤블도어가 '펜시브'를 사용하는 장면이 있다. 관자놀이에 지팡이를
대고 기억을 꺼내 돌로 만들어진 대야(펜시브)에 저장하고 필요할 때마다 꺼내서
옛 기억을 살펴보는 것인데, 어쩌면 호그와트에서만 일어나는 일은 아닐지도
모르겠단 생각이 든다. 지팡이가 없어도, 특별한 주문을 몰라도, 펜시브가 없어도
어떤 추억은 마법보다 강력해서 필요한 순간 튀어나와 나를 지켜주거나 구성하는
게 아닐까 하고.

편집된 시절

웬만하면 좋은 쪽을 보자고 다짐하고, 나쁜 일이 생겨도 전화위복을 마음에 새기곤 하지만 "럭키비키!"를 따라 외친다 한들 매일 긍정적인 기운이 나고 씩씩한 채로 살아가기란 어려운 일이다. 크고 작은 일로 용기를 잃거나 부정적인 생각이 불쑥 찾아오는 날도 있고, 이유를 알 수 없는 채로 울적해질 때도 있다. 그럴 때면 일종의 방어막처럼 사람들이 나에게 해주었던 좋은 이야기를 떠올린다. 그것은 성격이나 성정에 관한 것일 수도 있고, 일머리에 관한 것일 때도 있고, 옷차림이나 말투에 관한 것일 때도 있다. 칭찬받을 때 "아니에요."라는 말로 부러 겸손해지진 말자고, 자연스럽게 받아들이는 사람이 되자고 다짐한 적 있지만 칭찬 속에 서 있는 나를 정직하게 마주하는 건 쑥스러운 일이다. 그러나 용기를 얻기에 이보다 효과적인 방법은 없으므로 나는 왕왕 누군가가 건넨 칭찬의 말을 찬찬히 뜯어보면서 "네가 정말 나니?" 묻고, 찬찬히 채워지는 용기를 확인한다.

그런 의미에서 집 책장 한 칸을 차지하고 있는 두툼한 파일들은 내게 용기 덩어리와도 같다. 오래돼 낡고 해진 파일은 벨벳 소재로 삼면을 지퍼로 여닫는 형태다. 그 안엔 내가 초등학생 때부터 받아온 누런 상장과 성적표, 학교생활기록부가 세월을 머금고 차곡차곡 쌓여 있다. 먼지 알레르기 때문에 열린 수도꼭지처럼 콧물을 흘릴 걸 알면서도 가끔 그 안에 있는 것들을 꺼내 읽는다. 키가 121cm에서 132.4cm가 되고, 19kg였다가 24kg으로 훌쩍 살찌는 동안 나를 관찰해 온 선생님이 적어주신 문장들을. 그것들은 내 것 같으면서도 내 것이 아닌 것도 같은데, 유체 이탈하듯 내 몸 바깥에서 나를 보는 것 같아 기분이 묘하고, 실은 꽤 즐겁다. "사고력이 풍부하여 짓기에 관심이 많고 문학 방면에 소질이 있어 열심히 노력함."이라든지 "원고지 쓰는 요령에 맞게 글을 잘 씁니다."라는 문장은 직업인으로서의 나에게 큰 용기가 된다. 몇 번쯤 곱씹어 읽다 보면 '잘했었구나', '잘해왔구나'가 용기를 입어 '잘하고 있을지도 모른다'로 번져가기도 한다. 나다운 기록과 나였으면 좋겠다 싶은 문장 사이를 헤매던 어느 날엔 폭죽처럼 터져 나오는 재채기와 함께 뜻밖의 이야기를 발견하기도 했다. "수예부. 십자수의 기본 방법을 잘 이해하며 다양한 모양을 완성합니다." 수예부…라니? 지금도 간간이 천 조각을 가지고 주머니 파우치니 이름 자수니 하는 것들을 즐기지만 그건 다 커서 처음 가져본 취미 아니던가. 내가 언제 수예부라는 걸 해보았단 말인가.

비뚤배뚤하게 조립한 천 조각을 누군가에게 선물할 때마다 내가 진짜 선물하고 싶은 게 무엇인지 궁금했다. 미흡한 실력을 뽐내고자 하는 것은 결코 아닌데 기어이 선물하고야 마는 뻔뻔함의 원동력이 무엇인지 알고 싶었다. 어느 해인가 영화에서 이런 대사를 접했다. "뜨개질이라는 게, 공기도 같이 뜨는 거라고 하죠?" 그렇구나, 내가 보내고 싶던 건 엉성한 주머니를 만들기 위해 누군가의 취향을 생각하며 천 조각을 고르고, 그 누군가를 생각하며 꿰매던 시간이었구나. 대단한 걸 발견했다며 기뻐했는데 초등학생 때 이미 그런 비슷한 것들을 하고 있었다고? 엄마에게 물어봐도 "수예?" 하고 웬 뚱딴지같은 소리냐는 표정으로 되묻는다. 기억과 기억 사이를 도려내어 깔끔하게 꿰맨 것처럼 사라진 1년여의 기억. 기록이라는 것은 그리운 것을 생생하게 불러내기도 하고, 어렴풋한 기억을 선명하게 만들어주기도 하고, 사실을 얼렁뚱땅 왜곡해 버리기도 하고, 사라진 것들을, 기억에 없는 것들을 현실로 불러오기도 한다. 마치 수예라는 단어가 불현듯 내 인생에 뚝 떨어진 것처럼. 나는 그 숱한 기록 사이를 헤매며 내가 아는 나와 내가 잊어버린 나를 잇는 작업을 계속해 나가는 것 같다. 좋은 것들을 짜깁기해 만들어낸 나의 모습을 든든한 용병처럼 숨겨두고 용기를 잃을 때면 득달같이 꺼내 나 좀 다독여달라 채근하기 위해. 오늘도 어떤 칭찬들을 나만의 주머니에 담아 꽉 동여맨다. '수예'처럼 어디론가 도망가지 않도록, 좋은 것들은 애써 붙들자고 생각하면서.

번져가는 이야기

그동안 내가 보았던, 이야기가 퍼져나가던 방식들.

글·사진 전진우

도서관

대학 시절의 도서관을 생각하면 빼곡한 책장이나 책 냄새, 정적 같은
것보다 먼저 떠오르는 게 있다. 볼펜 심이 손등에 닿는 차갑고 뭉툭한
촉감. 도서 검색대 옆 미리 작게 오려둔 이면지와 나란히 준비되어 있던
볼펜의 이야기다. 책마다 어디에 꽂혀 있는지 그 위치를 알려주는 지표가
따로 적혀 있었는데, 책 종류가 하도 다양하다 보니 한글과 숫자, 영문이
복잡하게 나열된 형태였다. 준비된 종이에 적으면 될 텐데 나는 책 위치를
늘 손등이나 손목 안쪽에 적곤 했다. 제목은 나만 아는 채로, 암호 같은
문자들을 피부에 적고서 책장 사이를 걸어 다니는 건 내게 짧은 여행과도
같았다. 그 수많은 책 중에 내가 당장 찾는 것은 오직 한 권이라니.
책장 사이를 휘젓고 다니는 나를 모든 책이 지켜봐 주었다.
볼펜이 살에 닿을 때, 곧이어 움직일 때 소름이 약간 돋는 것도 좋았다.
뾰족하다고 해야 할까, 뭉툭하다고 해야 할까. 가끔은 잉크가 뭉치기도
하고 뻔히 남아 있는 잉크가 더 이상 나오지 않던 미완성의 물건. 하지만
그 볼펜들은 원래 있어야 할 뚜껑이 없는데도 한편으로 완전해 보이는
어른스러움을 지니고 있었다. 피부 위의 글자들은 비누로 닦으면 금세
지워졌지만 나는 그걸 일부러 닦아내지는 않았다.
대여한 책을 읽던 지하철 안에서 문득 손등에 적힌
글자들을 보는 것도, 며칠 후에 읽을 수 없게 희미해진
글자의 흔적을 발견하는 것도 좋아했기 때문이다.
암호 같던 글자 중에서 (당연하게도) 기억에 남는 건
하나도 없다. 무얼 정확히 찾아가게 하려고 만들어진
그 문자들은 책을 찾아내면 결국 영영 잊힐 운명으로
만들어졌던 것이다. 볼펜과 나. 복잡한 구조와 잊힐
운명 같은 것들. 손목 위의 문자들은 어쩌면 그 시절
내 생활의 위치이자 또 제목들이었을 것이다.

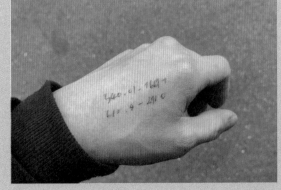

복사실

대학에서는 문예창작을 전공했다. 전공 수업에 관해 짧게 말하자면,
처음 2년은 읽고, 이어지는 2년 동안은 쓰는 식이었다. 읽는 2년 동안의
학교생활은 정말 꿈같았다. 문예창작과에 지원해서 들어가긴 했어도 나는
좋아하는 작가나 책이 없는, 혼자 일기나 쓰고 숨기고 하는 사람이었다.
교수님의 취향대로, 혹은 그 시절 주목받던 작가들의 책을 주는 대로
다 읽으며 나는 계속해서 새로 태어났다. 그때 읽은 문학이 무엇이었는지
자세히 설명은 못 해도, 내가 이야기로 힘을 얻고 쉬고 또 무언가를
잊기도 할 수 있다는 걸 그때 알았다.

그 시절 내가 가장 좋아하던 장소는 교내 복사실이었다. 수업 제목은
소설의 이해 같은 것이었는데, 교수님은 늘 수업 자료로 단편 소설을
하나씩 다루곤 했다. 단편 소설이라면 모두가 책을 살 필요가 없다며
자기 책을 복사실에 맡겨 넉넉히 복사해 둘 테니 찾아가서 읽고 수업에
들어오라는 식이었다. "소설의 이해 수업이요." 복사실에 가서 말하면
주인은 손가락으로 쌓여 있는 복사본을 가리켰다. 가격은 400원이나
500원 정도였다.

늘 집으로 돌아가는 길에 복사물을 찾아서 이동하며 읽었다. 학교가
있는 공릉역에서 의정부역까지 걸리는 40분 정도의 시간은 단편 소설
한 편을 읽기에 딱 알맞았다. 의정부역에 도착하면 시내에는 언제나
몇몇 친구들이 있었다. 다 읽은 소설은 친구들에게 주곤 했는데, 책 읽는
습관이 없던 친구들도 구겨진 A3사이즈 위의 글자들은 쉽게 읽어냈다.
호치키스로 간신히 고정해 놓은 복사물 뭉치는 가지고 다닐 때나
건네받을 때나 가볍다는 게 큰 매력이었다. 무겁고 꽉 찬 무언가가 가장
가벼운 형태로 이동하고 있던 것이다. 몇 번은 소설 얘기로 친구들과의
술자리가 열띤 날도 있었다. 그런 날엔 수업보다도 소설보다도 더 좋은
무엇이 거기에 있었다.
읽는 2년이 끝나고 써야 하는 2년 동안에도, 그리고 몇 번은 졸업한
이후에도 나는 복사실에 계속 들렀다. "소설의 이해 수업이요." 나를
포함한 몇몇 학생이 복사실에서 세상으로 이야기를 나르고 있었다.

이메일

어떤 글들은 그대로 따라 써보고 싶게 한다. 읽는 것만으로 멈출 수가
없어서 한 글자 한 글자 옮겨보며 눌러 읽는 것이다. 그렇게 옮긴 글이
몇 개 쌓였을 때 나는 친구들에게 메일을 보내기 시작했다. 처음에는
메일 주소를 알고 있는 친한 친구들에게 보내다가 다른 몇 명에게는
"혹시 보내줄까요?" 물어본 뒤 원하면 보내주고 있다. 그래봤자 열 명
남짓의 사람들이다. 기간이나 분량이 정해진 게 아니어서 어떨 땐 반년
만에 보내기도 한다. 앤드류 포터의 〈구멍〉, 오정희의 〈낙엽을 태우며〉,
미야모토 테루의 〈귤 산에서 본 바다〉 등등. 이제 일곱 번째 글을 보낼
차례다. 누군가는 맞춤법을 고쳐주기도 하고, 또 누군가는 독후감에
가까운 답장을 보내기도 한다. 그럼 나는 답장하지 않아도 된다고
말해준다. 어쩐지 답장을 받으면 의무감 같은 게 생기니까. 누가 앉을지
모르는 벤치 위에 쪽지를 남기는 기분으로 이어갈 수 있다면 좋겠다.
세상엔 정말 이야기가 많은데 어떤 이야기는 내가 읽고 어떤 이야기는
영영 만나지 못한다. 그건 어떻게 정해지는 것일까? 문득 이야기가
출발하고 도착하는 여정이, 번져가는 모양이 다 정해져 있는 게 아닌가
싶다. 그건 내가 생각해 내지 못했을, 참 아름다운 방식이다.

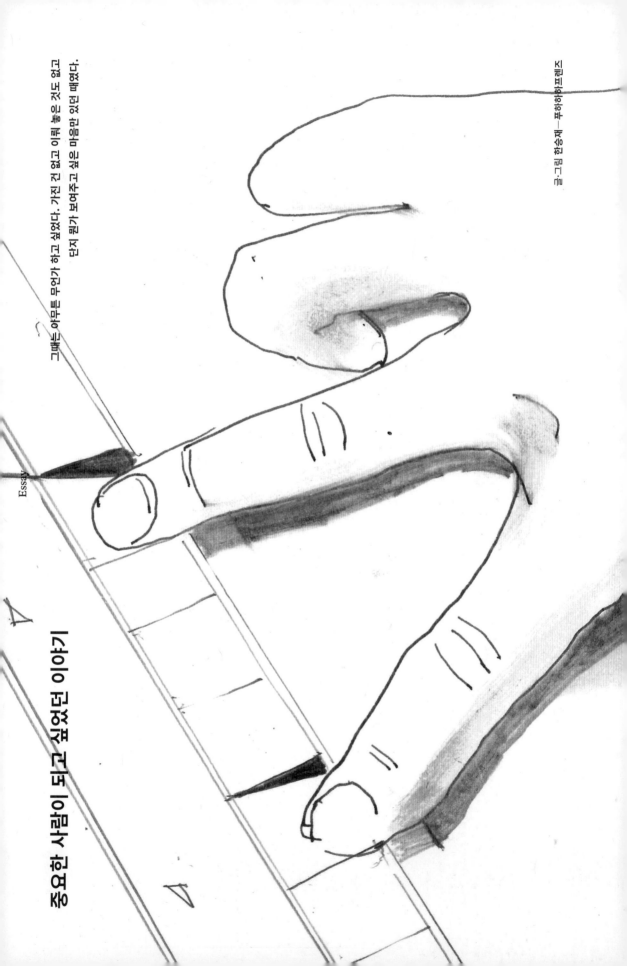

중요한 사람이 되고 싶었던 이야기

그때는 아무튼 무언가 하고 싶었다. 가진 건 없고 이뤄 놓은 것도 없고
단지 뭔가 보여주고 싶은 마음만 있던 때였다.

글·그림 한승재 — 무하하하프렌즈

앰프와 스피커, 여러 음원 출력 장치가 모여 있는 것을 옛날에는 전축이라고 불렀고, 조금 세련된 말로는 오디오라고 했다. 그때는 유행에 따라 집집마다 비슷한 물건을 사들이곤 했는데, 한때 오디오를 사는 게 유행인 적이 있었다. 그래서 우리 집 거실에도 큰 오디오가 자리 잡고 있었다. 되었지만, 실제로 집 안에 음악이 흐르는 건 몇 번 들어보지 못했다. 그래서 어차피 쓰지 않는 걸 손수레에 뽑아 내 방으로 옮겨 놓았는데, 그러다가 몇 번인가 제자리로 되돌려 놓기를 반복했다. 어머니가 제자리로 갖다 놓으라고 말했기 때문이다. 꼬인 선을 풀고, 선을 뽑고, 무거운 걸 들었다 내렸다, 그 한심한 짓을 몇 번이나 반복했다. (어차피 듣지도 않을 거면서!) 그러다 결국 오디오는 내 방에 자리 잡게 되었는데, 그건 내가 정확한 성과라서 아니었다. 이미 오디오를 장만하는 유행이 아파트 단지를 한차례 훑고 지나가서 너 후였다. 오래된 게임기도 나에게 오디오는 유월한 놀이감이었다. 라디오를 듣는가 다른 오디오가 원래 자리를 차지했다. 컴퓨터도 물론 작은 게임기도 나에게 오디오는 유월한 놀이감이었다. 라디오를 듣는 걸 좋아하는 놀이였다. 그리고 손가락을 노래가 나오면 몸을 방긋게 넘어지듯 바닥에 누웠다. 그게 놀이라면 놀이였다.

독수리 발톱 모양으로 만들어 플레이 버튼과 레코드 버튼을 동시에 눌렀다. 그 자세는 어쩌나 정확해졌는지 나중엔 소리를 쳐다보지 않고도 녹음 버튼을 누를 정도였다. 청각 소리가 녹음 테이프 돌아가는 소리와 함께 녹음이 안전한 음원은 될 수 없었다. 음질을 기대할 수도 없었고, 방송 시간 중간에 노래가 끊기는 일이 많았다. 영어 노래는 대부분 제목도 제대로 알지 못했고, 디제이가 노래 제목을 너무 빨리 말해서 제목을 모르는 채로 듣는 노래가 태반이었다.

새로운 무언가를 접하게 되는 수단은 라디오 혹은 텔레비전뿐이었다. "이거 한번 들어볼래?"
"이거 한번 해볼래?"라며 뾰족한 정보를 전달해 주는 사람은 나에게 없었다. 듣다가 좋으면 그게 먼지 찾아봐야 할 텐데 어디서 디제잉이라는 것을 보았는데, 혼자 않게 내가 할 수 있을 만한 일 같았다. 그들이 사용하는 장비는 내 오디오에 있는 것과 비슷했다. 무거운 오디오 옆 위에 놓인 LP 플레이어. 그 위에 LP 음반을 올리고 앞뒤로 움직이면 삐끼삐끼 소리가 나는 것을 보았다. LP 플레이어 위에 음반을 올린 뒤 디제잉을 따라 해보았다. 향할 음반은 없었기 때문에 집에 있는 조용필 음반을 사용했다. LP 판에 손을 얹고 손을 앞으로 뒤로 움직여 봤는데, 경쾌한 소리는 나지 않고 청바지 찢어지는 소리가 크게 났다. 혹시 음반이 문제인가 싶어 다른 음반으로 바꿔서 시도해 보았다. 그렇게 집에 있는 모든 음반에 기스가 생겼고 LP 플레이어는 움직이지 않게 되었다. 하지만 집에서는 듣지도 않았으니…. 도대체 이런 건 어떻게 하는 걸까 생각하며 조용히 LP 플레이어 뚜껑을 닫았다.

신촌 기차역에서 세브란스 병원으로 향하는 곳, 지금은 밀리오레 건물이 텅 빈 채로 서 있는 그곳에 전부터 발걸음이 뜸했던 그곳은 이른바 토끼굴이라고 불리는 그곳은 차로든 지날 수 없고 사람들만 건널 수 있도록 만들어진 터널이다. 지금은 스프레이 벽화로 가득 차 있는 그곳에 나는 스프레이를 들고 있던 최초의 사람 중 한 명이었다. 그때는 아무튼 무언가 하고 싶었다. 가진 건 없고 이룬 것도 없고 단지 뭔가 보여주고 싶은 마음만 있던 때였다. 그림을 그릴 거라고 하니 그라피티를 하기 위해 우선 정물점으로 가 스프레이를 구입했다.

철물점 아저씨는 무척 대단한 사람 보듯 신기해하며 스프레이를 건넸다. 우쭐하는 기분이 들었다. 그러나 그곳엔 한글로 '락카칠'이라고 적힌 것들밖에 없었다. 훔친 자전거 칠하는 데 사용할 것 같은. 겨우 이런 걸로 그라피티를 할 것 같지는 않았지만, 이것밖에 없다고 하니 어쩔 수 없었다. 촌스러운 락카통을 가방에 넣고 친구랑 토끼굴에서 만나기로 했다. 그곳에서 그라피티를 하기로 한 이유는 간단했다. 지금과 달리 당시 그곳엔 별로 그려진 것이 없었다. 그곳에선 진짜 그라피티를 하는 사람을 만날 것 같진 않았다. 진짜인 그들 옆에서 락카칠하며 주눅 들 일이 없을 것 같았다.

어두운 터널에서 스프레이를 뿜는 소리는 정말 예술가가 된 것 같은 기분을 느끼게 해주었다. 거의 90퍼센트는 내 길을 찾은 것 같은 느낌이 들었다. 벽과 마주 서서 스프레이를 뿜었다. 조금 전까지만 해도 이러쿵저러쿵 얘기하던 친구와도 대화하지 않고 자기만의 작업에 몰두했다.

그러나 한 통을 거의 다 쓰도록 스프레이를 뿌려도 벽에선 아무런 변화를 느낄 수 없었다. 한참이 지나고 친구가 "야 이거 이상하지 않나?"라고 얘기하고 나서야 "그치? 이상한 거 맞지?"라고 이야기했다. 벽에서는 아주 연한 색의 변화만 느껴질 뿐 그 위에 무엇도 느낄 수 없었다. 콘크리트 벽이 색깔을 모두 흡수해 버린다는 건 나중에야 알게 된 사실이다. 그래서 보통 그라피티는 색이 칠해진 벽 위에 한다는 사실을 뒤늦게 알게 되었다. 그것도 모르는 우리는 스프레이 탓을 했다. "역시 이런 스프레이로 하는 건 아닌가 보다." 점점 맥이 빠졌고 우리는 터덜터덜 각자의 집으로 돌아왔다. 터덜터덜 집으로 돌아와서는 마치 아무 일도 없었다는 듯 살아야 하는 게 좀 웃기면서도 서글펐다. 커다란 오디오와 학생용 책상이 전부인 방. 방금 전까지만 해도 무언가 될 것 같은 기분이었는데, 큰 거품이 모두 사라지고 난 후 미끄러짐조차 남지 않은 방을 바라보며, 난 또 뭐가 될 수 있을까 잠시 상상했던 것 같다.

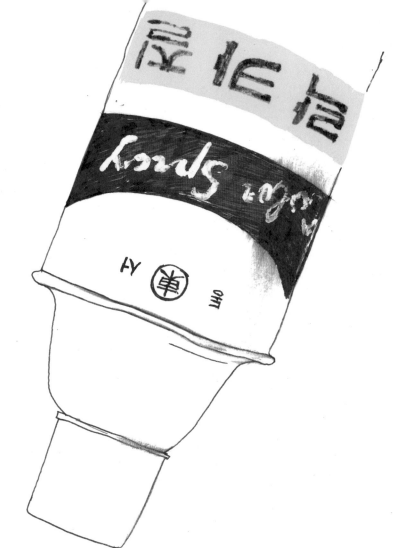

이야기의 기쁨

다들 책 안 읽는 시대를 탄식하지만, 책 같은 거 굳이 억지로 읽지 않아도 좋다고
생각한다. 책이 아니라 '좋은 이야기'를 접할 수 있다면 뭐든 상관없지 않은가 싶다.
그럼에도 나는 책이 좋다. 책 읽는 기쁨을 아는 소수의 인류 중 하나라는
사실이 기쁘다. 아, 그 기쁨이 어떤 건지 궁금하시다고요? 그렇다면
한번 뛰어들어 보시는 것도 나쁘지 않겠습니다만…….

글 한수희
일러스트 규하나

나는 에세이를 쓰는 사람이지만, 에세이를 쓰는 사람이 되고 싶은 적은 없었다. 될 수 있으리라고 생각하지도 못했다. 에세이가 뭔가? 좀 잘 쓴 일기 아닌가, 하고 생각했었다. 다른 사람들이 그러는 것처럼.

공저인 첫 책(연애 지침서였다)을 쓸 때였는데, 편집자는 원고를 돌려보내며 개인적인 이야기는 빼달라고 했다. 그가 덧붙인 말은 이거였다. "에세이는 유명해지면 그때 쓰세요." 그래… 그런데 어떻게 유명해지지? 어디 가서 사고라도 크게 쳐서 9시 뉴스라도 나가야 하나? 몇 년 후 연락한 다른 출판사의 편집자 역시 비슷한 얘기를 했다. "좀 유명해질 방법 없어요? 아쉽다." 아, 그때 사고를 칠걸…… 그러니까 그들에게 에세이란 '유명인의 일기'였던 것이다. 그랬던 시대가 있었다.

다행히 나의 첫 에세이는 "유명하지 않아도 괜찮으니 이유는 첫째, 거짓말을 해야 하기 때문이다. 매끈한 거짓말을 쓰기 위해서는 울퉁불퉁한 진실을 쓸 때보다 몇 배의, 아니 몇십 배의 공을 더 들여야 한다. 적어도 내게는 그렇다.

언젠가 소설가 엘리자베스 스트라우트의 인터뷰 영상을 본 적이 있는데, 작업 방식을 묻는 질문에 그는 이렇게 답했다. "매일 책상에 앉아 그 순간 내게 가장 절실한 문제에 대해서 씁니다." 나는 좀 많이 놀랐다. 소설가들은 대부분 그런 식으로 쓰지 않는 것 같아 보였기 때문이다. 소설가들은 어떤 인물을 상상하고, 사건을 만들어내고, 줄거리를 지어내며, 어제 쓴 부분을 고스란히 이어서 쓰는 식으로 작업하는 거 아니었나? 그들이 하는 일은 대체로 거짓말이라는 뭉툭하고 커다란 흙덩어리를 다듬고 또 다듬어서 매끈하게 만드는 일이 아닌가? 하지만

평범한 당신의 평범한 매일매일에 대해 써달라."고 청한 새로운 편집자의 격려와 함께 세상에 나왔다. 그 책을 쓸 때 나는 이런 무명인의 일기 따위 아무도 읽지 않을 거라고 생각했으므로 겁날 게 없었다. 어차피 1쇄도 다 못 팔고 어느 창고에서 누렇게 색이 바래다가 결국 훨훨 타올라 재가 될 텐데 신경 쓸 게 뭐가 있겠는가? 그래서 그 책이 생각보다 잘 팔려서 2쇄도 찍고 3쇄도 찍고 그러다 몇 년 후 개정판도 나오고 그랬을 때 나는 얼떨떨한 기분이었다. 그런 기분을 안고 나는 에세이를 쓰는 사람이 되었다.

솔직히 에세이를 쓰는 건 그렇게 어렵지 않다. '잘' 쓰는 게 어려워서 그렇지. 기본적으로 에세이는 '내게 일어난 일'을 위주로 가볍게 쓰는 글이기 때문에 거짓말을 못 하고 게으른 나에게는 잘 맞는 장르다. 실제로 있었던 일과 느꼈던 감정과 떠올랐던 생각에 대해서만 쓰면 되니까. 하지만 소설은? 어렵다. 나에게 소설 쓰기가 어려운 엘리자베스 스트라우트는 그저 그 순간 자신에게 가장 절실한 문제에 대해 쓰고, 나중에 그 혼란스러운 메모들을 모아서 하나의 이야기로 엮어낸다고 했다.

얼마 전 전철 안에서 스트라우트의 최신작 《바닷가의 루시》를 읽었다. 처음 얼마 동안은 별생각 없이 읽다가 어느 순간부터 책 속 이야기에 빠져들기 시작했고 돌아올 때쯤에는 남은 페이지가 거의 없었다. 책을 읽고 났더니 뭐랄까, 요즘 내 머릿속에 가득 들어차 끊임없이 수런거리던 감정들과 생각들이 조용하게 가라앉은 기분이 들었다. 신기했다.

소설의 주인공인 루시는 지독하게 가난한 집의 막내딸로 태어나 집에서는 학대당하고 학교에서는 외톨이로 자랐다. 다행히 루시는 형제들과는 달리 장학금을 받고 대학에 입학해 집을 떠났고, 결국 작가가 됨으로써 자신이 나고 자란 계급과 결별할 수 있었다. 그러나 겉으로 보이는

성취와 달리 루시의 내면은 여전히 그곳에 있다. 춥고 배고프고 사랑이 없는 집에, 아무도 자신을 반기지 않는 학교에.

루시는 바람을 피운 남편 윌리엄과 오래전에 이혼했고, 재혼한 남편과는 얼마 전 사별했다. 윌리엄은 그 후 두 번 더 결혼하고 두 번 더 이혼했다. 어느 날 전 세계에 정체불명의 바이러스가 퍼지고 있다는 뉴스가 들려온다. 얼마 후 윌리엄이 루시를 찾아와서는 당장 짐을 챙겨 뉴욕을 떠나야 한다고 하고, 그들은 루시의 고향인 메인주의 바닷가에 있는 작은 집으로 향한다. 그리하여 끝이 보이지 않는 팬데믹의 기간 동안 늙은 이혼 부부의 기묘한 동거가 시작된다.

> 하루하루가 내가 걸어야 하는 넓은 빙판길 같았다. 그리고 그 빙판에는 붙박인 작은 나무들과 잔가지들이 있었는데, 그것이 내가 그 풍경을 묘사할 수 있는 유일한 방법이다. 세상이 다른 풍경이 되어버린 것 같았고, 나는 이 상황이 언제 끝날지 알지 못한 채 하루하루를 견뎌야 했다. 그리고 그것은 끝나지 않을 것 같았고, 그래서 나는 큰 불안감을 느꼈다. 종종 나는 밤중에 일어나 조금도 움직이지 않고서 가만히 누워 있곤 했다. 그렇게 몇 시간을 누워 있었던 것 같은데, 몇 시간이었는지는 모르겠다. 거기 누워 있을 때 내 삶의 여러 다른 장면이 나를 찾아왔다.
>
> — 엘리자베스 스트라우트, 《바닷가의 루시》 중에서

루시와 윌리엄은 사람들과 마주치지 않기 위해 조심하며 매일 산책을 하거나 차를 타고 여기저기를 둘러보며 하루하루를 보낸다. 그러는 와중에도 루시는 여전히 어린 시절의 상처와 불안, 공포의 감정에서 벗어나지 못한다. 도시에서 순탄치 못한 결혼 생활을 하고 있는 딸들을 걱정하는 마음도 그 애들을 사랑하는 마음만큼이나 크다. 반대로 아이들은 제 부모에 대해서 그만큼 생각하지 않는다는 사실이 상처가 되기도 한다. 시골 마을에서 그녀가 마주치는 이웃들, 가난하고 소외된 이들의 절망과 분노를 이해할 수 있을 것 같은 루시는 끝내 그곳을 탈출한 자신이 누리는 현재의 행운이 믿어지지 않는다. 어지럽고 마음 아픈 나날들이다. 이 혼란스러운 시기에 루시를 위로하는 것은 매일 변함없이, 또 매일 변화무쌍하게 눈앞에 펼쳐지는 자연의 풍경이다.

> 비가 내린 그날 이후 어느 저녁, 나는 일몰을 보았다. 하루 내내 흐리다가, 해가 지기 직전에 구름이 갈라졌다. 갑자기 오렌지빛 구름이 하늘을 배경으로 찬란히 펼쳐졌고, 나는 믿을 수가 없었다. 그 색이 물위로 떨어졌다 다시 집을 향해 뻗어나갔다. 그걸 포치에 서서 저쪽 창문을 통해 바라볼 수 있었는데, 태양이 멀어지면서 하늘은 계속 달라졌고 진홍색 하늘은 더욱 높아졌다. 나는 윌리엄을 불렀고, 그가 포치로 나와 우리는 한참 동안 거기 있었다. 그리고 마침내 의자를 가까이 붙이고 앉아 일몰을 보았다. 장관이었다! 시간이 지나면서 우리는 이런 일몰이 또 펼쳐지길

기다렸고, 이따금 목격할 수 있었다. 세상에서 가장 찬란하고 아름다운 금빛 오렌지색, 당시에 내게는 그렇게 느껴졌다.

— 《바닷가의 루시》 중에서

얼마 전 스티븐 스필버그의 영화 〈파벨만스〉(2022)를 봤다. 스티븐 스필버그처럼 오랜 시간을 현역으로 활동하면서 호불호 없는 감독이 되기도 쉽지 않다. 그렇지 않은가? 모두가 스필버그를 사랑한다. 아직도 이 노장의 두 눈은 호기심으로 가득하고 입가에는 언제나 다정하고 장난기 어린 웃음이 걸려 있다. 스필버그는 영원히 소년이다. 전쟁터 같은 할리우드에서 수십 년 동안 블록버스터 영화를 만들어 오면서도 어떻게 저런 얼굴로 늙을 수 있을까? 어떻게 수십 년 동안 그 많은 영화들을 꾸준히, 기복 없이 잘 만들 수 있을까? 과연 천재란 저런 존재일까? 〈파벨만스〉는 영화감독이 되기 전 스필버그의 어린 시절을 그린 자전적인 이야기다. 중산층의 여유롭고 안정적인 가정 환경, 자녀들에게 헌신하는 다정한 부모, 모난 데 없는 아이들, 2차 세계대전 후 미국 사회의 부와 풍요 그리고 컴퓨터 엔지니어인 아버지와 피아니스트인 어머니한테서 고르게 물려받은 재능과 감성, 그 자신의 성실함과 열정. 누가 봐도 그는 지금의 스티븐 스필버그가 될 수밖에 없었을 것 같다.

그러나 스필버그는 의외의 이야기를 들려준다. 어머니는 다정하지만 재미없는 아버지 대신, 가족처럼 지내던 아버지의 부하 직원 베니와 사랑에 빠진다. 아주 오래 지속된 사랑이다. 새미가 그 사실을 알아차린 것은 캠핑장에서 가족들을 찍은 필름을 편집할 때였다. 그건 아들과 어머니만이 아는 어두운 비밀이다. 얼마 후 아버지의 직장을 따라 서부로 이사를 하게 된 새미는 학교에서는 왜소한 유대인이라는 이유로 괴롭힘을 당하고, 집에서는 어머니의 부정 때문에 괴로워한다. 어머니는 어머니대로 베니를 향한 그리움 때문에 제정신이 아니다. 결국 이 행복했던 가정은 와해되지만 그 고통스러운 시간 속에서도 새미는 영화라는 꿈을 향해 느리게 전진한다. 결국 새미는 전설적인 영화감독 존 포드의 사무실에서 면접을 보게 되고, 그렇게 세상 모두가 다 아는 스티븐 스필버그의 커리어가 시작되는 장면으로 영화는 끝을 맺는다.

〈라이언 일병 구하기〉 이후 오랫동안 스필버그의 영화를 보지 않았다. 그러다 메릴 스트립이 주연한 〈더 포스트〉와 자전적 영화 〈파벨만스〉를 연달아 보면서 느낀 것은 '이 남자는 정말로, 정말로 영화를 사랑하는구나.' 하는 거였다. 이 세상 누구도 스필버그처럼 오랫동안, 변함없이 영화를 사랑하기는 쉽지 않을 것 같다. 심지어 사랑하면서도 잘하는 게 놀랍다. 보통 사랑하는 마음이 너무 크면 힘이 들어간다. 힘이 들어가면 보는 사람이 부담스러워진다. '내가 영화를 이렇게 잘 만들어!'라는 자의식이 관객을 뒤로 주춤 물러나게 만든다. 그런데 스필버그의 재능에는 힘이 들어가 있지 않다. 그래서 그의 영화를 보고 있을 때면 그저 재미있는 이야기를 듣는 기분이 든다. 뭔가를 판단하기 전에 그저 이야기 속으로 푹 빠져드는 것이다. 그것이 이 천재 감독의 기술이다. 사랑에 기반한 기술. 기술이 받쳐주는 사랑. 스필버그의 영화에 호불호가 없는 이유도 바로 그 힘 빼기의 기술, 사랑의 기술 덕분일 것이다.

책의 미래에 대해서라면 나는 언제나 비관적이다. 아니, 비관적인 것을 넘어서 책의 미래 같은 건 없다고 감히 단언할 정도다(나 혼자만의 생각은 아닐 것이다). 뭐 그렇게 슬픈 일은 아니다. 댄스 음악과 록 음악이 대세인 가운데서도 여전히 소수의 강력한 클래식 음악 지지자들이 존재하는 것처럼. TV만 틀면 드라마와 영화를 볼 수 있는데도 여전히 어떤 이들은 소극장에 앉아 연극을 보는 것처럼. 책 역시 자연스럽게 수많은 미디어와 매체 중의 하나가 되어가고 있는 것일 뿐이라고 생각한다. 그런데 그 미디어란 것은, 매체라는 것은 무엇을 운반하는가? 이야기다. 우리가 언제나 듣고 싶어 하는 그것. 우리의 지치고 혼란스러운 마음을 달래주는 것. 지난날의 아픔을 곱씹게 하고, 오늘의 피로를 잊게 하고, 내일의 희망을 품게 하는 것. 이 세상에 우리 하나만 이런 운명에 처한 게 아니라는 사실을 일깨워주는 것. 어두운 밤길 어느 집 창문에서 새어 나온 불빛처럼 밝고 따뜻하고 위안이 되는 것. 바로 이야기. 나는 〈파벨만스〉가 이름과 약간의 설정만을 바꾼 스티븐 스필버그의 자전적 기록인 것처럼, 《바닷가의 루시》 역시 루시라는 가상의 인물을 내세운 엘리자베스 스트라우트의 팬데믹 일기라고 생각하는데 뭐, 아무래도 상관없다. 매끄러운 거짓말이건 울퉁불퉁한 진실이건 결국 그 모든 것들은 이야기니까.

《바닷가의 루시》를 읽고 난 후 며칠 동안 내 삶에는 표면적으로는 아무런 변화가 없다. 그러나 아주 멀리서 희미하게 바람의 방향이 달라진 것 같은 조짐이 느껴진다. 그건 아주 희미해서 무척 주의를 기울여야만 알아챌 수 있는 변화다. 좋은 이야기는 그렇게 인생의 풍향을 바꾼다.

나의 한 문장

어디에도 보여준 적 없는 나의 기록을 이곳에 꺼내둡니다.

2022년 2월 할 일 리스트 | 발행인 송원준
"사무실 지하 공간 공유 오피스 기획하기." 옛 사무실 공간을
어떻게 활용할지 고민하면서 적었다. 그때는 현실성 없는
기획 탓에 계획을 진행하지 못했고, 2년 동안 지하를 공실로
둔 후에 지금의 '발견담'이 탄생했다. 전에도 '독자들을 위한
작업실'이라는 콘셉트는 같았지만 조금 다른 기획이었는데,
과거에는 불가능했던 계획이 지금은 현실이 됐다.

제자리걸음도 걸음이야 | 편집장 김이경
"무계획도 계획이고, 제자리걸음도 걸음이며, 무너짐도
움직임이야. 그간 달려온 너이기에 치열하게 살아온 너이기에
불안해하지 마. 너의 걸음을 의심하지 마. 그동안 너의 모든
걸음은 단 한 걸음도 헛되지 않았어." 출처를 알 수 없어 혼자만
적어두었던 문장. 걸음을 계속해서 옮기는 우리에게 필요한 마음.

남의 말을 빌려 | 에디터 이명주
가끔은 나보다 나를 더 잘 아는 것 같은 이들의 문장을 일기에
옮겨쓴다. "우리가 살아 있는 세계는/우리가 살아가야 할 세계와
다를 테니/그때는 사랑이 많은 사람이 되어 만나자." 이병률
시인의 〈이 넉넉한 쓸쓸함〉 속 한 구절.

가끔은 그리운 | 에디터 차의진
"흰 바지를 입고 방바닥에 누웠다. 누워서 먹는 피자. 입안에
든 피자보다 등이 더 따뜻하다." 대학교 3학년 때 조그만
기숙사에서 썼다. 외출복도 갈아입지 않고, 누워서 대충 끼니를
해결하던 시절. 아무렇게나 살던 그때의 나는 꽤 웃기다.
저 문장을 끝으로 일기가 끊긴 걸 보니, 그날 따끈한 바닥에서
잠이 든 것 같다.

길치는 아닙니다만 | 마케터 문주원
"잘못 든 길에는 또 다른 풍경이 기다리고 있었다." 여행 중 썼던
일기의 한 문장이다. 길을 헤매고 낯선 곳에 떨어질 때 여행의
진정한 즐거움이 시작된다. 적어도 나에게는 그런 순간이
자주 있다. 나의 삶도 구불길을 지나며 즐겁게 흘러가 주길.

아기가 생겼다 | 브랜드 프로젝트 디렉터 하나
"뭐 한 줄 읽지도 적지도 못하고 그저 조는 날들. 나와 나의
무엇으로 똘똘 뭉친 행성이 지진을 해, 멀미가 그치질 않는다.
삶에 가장 큰 균열을 일으키는 1mm다. 이 작은 것에 온·마음을
기울인다." —2024년 6월 일기

나만의 공간이 생겼다는 건 | 브랜드 프로젝트 매니저 정현지
"마음이 아플 땐 영화를 보고, 기분이 안 좋을 땐 집안일을 한다.
요즘 내가 치유하는 방식이다." 독립한 이래로 가장 변화한 것을
꼽으라면, 어느 날 일기장에 문득 적었던 이 문장으로 대변한다.
나에게 할당된 이 작은 집이 자꾸만 내가 어떤 사람인지 깨닫게
만든다.

너도 여기가 멋지다고 생각하니 | 브랜드 프로젝트 매니저 지정현
"호기심 어린 눈으로 여기저기 둘러보는 소년의 얼굴이랑
나는 얼마나 닮았을지 아주 잠깐 생각했다." 진보초에 있는
재즈킷사에서 썼던 글. 일본인 소년도 재즈킷사가 처음인지
고개를 돌리며 구경하기에 바빴다. 그는 콜라를 마시는 십 대.
나는 맥주를 마시는 이십 대의 끝. 우리 조금이라도 비슷해
보이지 않았을까….

일체유심조 | 브랜드 프로젝트 매니저 이예린
"어떠한 결과이든 내 생각에 따라 가치가 달라질 수 있다는 것을
깨닫고 나서 불안한 감정까지 사랑할 수 있었다." 힘들고 지치고,
부정적인 생각의 늪에 빠질 때마다 주문처럼 외던 문장이다.
이 주문을 외울 때면 정말 모든 것을 사랑할 수 있다.
나를 괴롭히던 근심마저도.

1년 정기구독

《AROUND》는 격월간지로 짝수 달 초에 발행됩니다. 정기구독을 신청하시면 어라운드를
온라인 콘텐츠로도 만나보실 수 있으며, 작업실 '발견담'의 이용권을 드립니다.

《AROUND》 매거진(총 6권) & 온라인 콘텐츠 감상 & 작업실 '발견담' 이용권
97,200원 / a-round.kr

AROUND NEWSLETTER

책에서 못다 한 이야기를 펼쳐 보입니다.
또 다른 콘텐츠로 교감하며 이야기를 넓혀볼게요.
홈페이지에서 뉴스레터를 구독해 주세요.

a-round.kr > Newsletter

Publisher

송원준 Song Wonjune

Editor in Chief

김이경 Kim Leekyeng

Editor

이명주 Lee Myeongju

차의진 Cha Uijin

Art Director

김이경 Kim Leekyeng

Designer

윤원정 Yoon Wonjung

Cover Design Guide

오혜진 O Hezin

Cover Image

최모레 Choe More

Photographer

강현욱 Kang Hyunuk

박은비 Park Eunbi

최모레 Choe More

Project Editor

이주연(산책방) Lee Zuyeon

이다은 Lee Daeun

김건태 Kim Kuntae

배순탁 Bae Soontak

전진우 Jun Jinwoo

정다운 Jung Daun

한수희 Han Suhui

한승재 Han Seungjae

Illustrator

규하나 Kyuhana

세아추 Sea Choo

이한 Lee Han

휘리 Wheelee

Marketer

문주원 Mun Juwon

Copy Editor

기인선 Ki Inseon

Management Support

강상림 Kang Sanglim

Publishing

(주)어라운드

도서등록번호 제 2014-000186호

출판등록일 2009년 12월 5일

ISSN 2287-4216

창간 2012년 8월 20일

발행일 2024년 12월 6일

AROUND Inc.

서울시 마포구 동교로51길 27

27, Donggyoro 51-gil, Mapo-gu, Seoul, Korea

광고 문의 / 070 8650 6378

구독 문의 / 070 8650 6375

around@a-round.kr

a-round.kr

instagram.com/aroundmagazine

post.naver.com/pgbook2

어라운드는 나무를 아끼기 위해

고지율 20퍼센트인 재생종이 그린라이트를 사용합니다.